Online Marketing für Anfänger

Wie Sie eine erfolgreiche Online-Marketing Strategie entwickeln und umsetzen. Ein Praxisbuch für den Einstieg ins Online Marketing.

Dennis Sander

Inhaltsverzeichnis

Was ist Marketing

Onlinemarketing ist heutzutage der Renner. Dafür gibt es gute Gründe. Es wird aber oft genug auch sehr viel falsch gemacht. Dann bringt es nicht nur nicht das erwartete Ergebnis, es kostet auch unnötig Geld und Zeit. Will man aber das Onlinemarketing erfolgreich betreiben, dann muss man es richtig machen. Dafür jedoch muss man sich mit dem Marketing als solchem auseinandersetzen, denn alle Gesetzmäßigkeiten, die im Marketing selbst gelten, gelten natürlich auch im Onlinemarketing. Verständnis für die Materie ist die erste Voraussetzung für den Erfolg. Und das Verständnis für das Onlinemarketing beginnt im Marketing.

Schaut man sich im Bereich des Marketings um, wird man rasch erschlagen. Das beginnt schon mit der Definition und setzt sich noch weiter in dessen Ausführung fort. Daher gehen wir Schritt für Schritt vor. Beginnen wir mit der Definition selbst.

Dies ist ein Buch für Anfänger, daher wollen wir es nicht zu kompliziert halten. Die Definition für Marketing beschreibt dieses Fach als die Teilnahme aller, der Käufer und Verkäufer, der Werber und derjenigen, die sich nur umsehen, am Markt. Es ist der Austausch der Waren und Dienstleistungen beziehungsweise der Versuch dieses Austausches. Ist das kompliziert? Naja, womöglich ein wenig. Wer Marketing in der heutigen Welt betreiben möchte, braucht dafür nicht diese komplizierte Definition. Wir können es einfacher haben.

Dennis Sander

Marketing beschreibt den Prozess, Kunden für das eigene Unternehmen zu finden. Das ist es, worauf man sich beschränken sollte, wenn man heute Marketing betreibt. Es geht einfach darum, den Leuten mitzuteilen, dass man existiert und sie dazu zu bringen, die eigenen Produkte kaufen beziehungsweise den eigenen Service in Anspruch nehmen zu wollen. Dabei sollte man aber vorsichtig vorgehen. Man sollte nämlich den eigentlichen Verkauf vom Kaufen-wollen abgrenzen, dazu aber gleich mehr.

Marketing beschreibt also den Prozess, Leute in das eigene Geschäft zu bringen. Warum sollte man sich eigentlich die Mühe machen, Marketing zu betreiben?

Marketing ist, wenn man damit erfolgreich sein will, weder umsonst noch im Vorbeigehen zu erledigen. Warum also das Ganze? Die Frage beantwortet sich von selbst, wenn man jemanden anschaut, der kein Marketing betreibt. Sagen wir, jemand hat eine besondere Fähigkeit und bietet seinen Service in diesem Bereich an. Dieser Jemand aber sagt es keinem. Wird dieser Jemand jemals Kunden haben? Nein!

Marketing bringt potenzielle Kunden zum eigenen Unternehmen. Die Kunden sind es, die den Erfolg für das eigene Unternehmen beziehungsweise das eigene Geschäft bedeuten. Die Kunden bringen den Profit. Keine Kunden, kein Geschäft.

Die Erkenntnis dessen, dass man Kunden für seinen Erfolg braucht, ist der erste Schritt zum erfolgreichen Marketing. Man muss einsehen, dass die Kunden den einen einzigen Boss darstellen, der jeden feuern kann, vom kleinsten Angestellten bis hin zum Eigentümer. Wenn die Kunden nicht kommen, dann verlieren alle ihren Job.

Das Marketing ist die Kommunikation des Unternehmens mit seinen Kunden. Über das Marketing teilt das Unternehmen seinen Kunden mit, dass es existiert. Über das Marketing teilt das Geschäft den Kunden mit, über welche Produkte es verfügt oder welche Dienstleistungen es anbietet.

Das Marketing ist aber noch mehr als der Lautsprecher, über den das Unternehmen seine Existenz in die Welt hinausschreit. Das Marketing soll den Kunden auch überzeugen. Es geht darum, dem Kunden die Entscheidung zum Kauf beziehungsweise zum Buchen der Dienstleistung nicht nur leicht zu machen, sondern den Kunden regelrecht dazu zu verführen. Dazu hat das Marketing drei Wege.

Der erste Weg jemanden zu überzeugen, ist Gewalt beziehungsweise die Androhung von Gewalt. Hat das im Marketing einen Sinn? Eher nicht. Man würde gegen Gesetze verstoßen und schnell erledigt sein. Der erste Weg ist also als solcher nicht gangbar.

Der zweite Weg jemanden zu überzeugen, ist Korruption. Man kann dem Kunden Geld oder einen anderen Vorteil bieten, wenn er das eigene Produkt kauft. Dieses Geld wird oftmals nicht direkt, sondern als Preisnachlass angeboten. Ist das aber ein guter Weg? Nein! Wer Kunden mit Geschenken oder Preisnachlässen korrumpiert, der erhält dafür nur illoyale Kunden. Diese werden sofort zur Konkurrenz gehen, wenn der Discount beziehungsweise die Geschenke dort größer sind.

Damit bleibt nur noch der dritte Weg, jemanden zu überzeugen. Dieser Weg ist die Kommunikation. Hier setzt das Unternehmen darauf, den potenziellen Kunden immer wieder vom eigenen Produkt zu erzählen. Hier baut man über die Zeit eine Beziehung zum Kunden auf. Dieser muss bei jedem neuen Kontakt entscheiden, ob er das Produkt kaufen will. Einmal wird seine Entscheidung mit „Ja" ausfallen. Weiterhin bildet die ständige Kommunikation ein Erkennen der eigenen Marke aus, was dem Kunden Glaubwürdigkeit suggeriert. Weiterhin bringt es eine gewisse Bindung an das eigene Geschäft.

Das klingt jetzt weit hergeholt? Wer eine Marke kennt und sie irgendwo sieht, wird eher zugreifen als bei einer unbekannten Marke. Das gilt auch bei Geschäften. Wer schon einmal etwas über ein bestimmtes Geschäft gehört hat, wird eher bereit sein, dort hineinzugehen.

Wir erwähnten schon die Trennung vom eigentlichen Verkauf von dem Kaufen-wollen. Dies ist ein wichtiger Punkt und sollte nicht übersehen werden. Hat es nämlich das eigene Marketing geschafft, Kunden anzulocken und dennoch kommt kein Verkauf zustande, dann liegt das sehr wahrscheinlich am Produkt. Wenn man also das Marketing mit dem erzeugten Kaufen-wollen vom eigentlichen Verkauf trennt, kann man herausfinden, welcher der beiden Teile erfolgreich ist und wo man noch nachbessern muss.

Bevor wir jetzt in die Details der folgenden Kapitel gehen, stellen wir noch einmal die Frage, warum eigentlich Marketing? Wir sagten schon, dass das Marketing dazu dient, potenzielle Kunden anzuziehen und zu überzeugen. Damit aber nicht genug.

Sie wollen Onlinemarketing betreiben. Sie haben also eine Geschäftsidee oder ein Geschäft oder Sie wollen einfach nur sich selbst vermarkten. Was ist Ihr größtes Problem? Wenn Sie sich umschauen, werden Sie entdecken, dass andere das gleiche im Angebot haben. Es gibt kein Geschäft mehr, das einen einzigartigen Service oder ein einzigartiges Projekt anbietet. Das macht das Marketing umso wichtiger, denn das Marketing ist heutzutage so ziemlich der einzige Weg, um sich gegenüber der Konkurrenz hervorzutun. Wer jetzt denkt, Geld zu sparen, indem das Marketingbudget kleingehalten wird, der hat keine Chance, sich durchzusetzen. Andere werden den Platz einnehmen und erfolgreich ihre Produkte oder ihren Service verkaufen. Damit kommen wir auch schon zum zweitgrößten Problem.

Überall um uns herum ist Werbung. Wir werden ständig damit bombardiert. Die meisten Leute verschließen ihre Augen und Ohren und versuchen, das ganze Marketing überall und ständig zu ignorieren. Die Kunst ist nun, in all der anderen Werbung nicht unterzugehen. Man muss aus dem allgemeinen Marketing hervorstechen und den potenziellen Kunden überzeugen, überhaupt der eigenen Botschaft zuzuhören. Diese Kunst zu meistern, dazu soll hier mit diesem Buch eine Hilfestellung geboten werden.

Marketingrecherche

Die Marketingrecherche ist der Anfang vom Erfolg, dennoch wird sie immer gern ignoriert. Warum? Wahrscheinlich wird sie als langweilig empfunden. Wer die Recherche weglässt, wird jedoch kaum erfolgreich Marketing betreiben. Die Recherche verrät nämlich, was man wie erreichen kann, kurz, ohne Recherche ist man wie ein blinder Boxer im Ring. Worauf aber kommt es bei einer guten Recherche an?

Marketingrecherche ist ein niemals endender Prozess. Sie beginnt mit der Vorbereitung vor dem eigentlichen Start des eigenen Geschäftes beziehungsweise der eigenen Marketingstrategie und geht weiter mit dem Beobachten des Marketings in seiner Ausführung und setzt sich fort, wenn die eigene Marketingkampagne oder ein Teil davon, abgeschlossen ist, um den Erfolg der Marketingmaßnahmen abzuschätzen. Dann beginnt die Recherche für den nächsten Abschnitt, der Entwicklung des Geschäftes, wieder von vorn.

Eine gute Recherche beginnt mit der Konkurrenz. Man wird kaum der Einzige sein, der dieses Produkt oder diesen Service anbietet. Hier sollte man unbedingt herausfinden, nach welchem Prinzip die Konkurrenz vorgeht. Ziel des Marketings ist es, ein Bild von dem eigenen Unternehmen zu entwerfen und es dem Kunden nahe zu bringen. Dieses Bild aber muss sich von der Konkurrenz abheben. Ebenso muss man die Preise der Konkurrenz kennen und sich zumindest ungefähr in diesem Rahmen bewegen.

Hat man sich einen Überblick über die Konkurrenz verschafft, dann geht es weiter mit dem eigenen Produkt beziehungsweise den eigenen Services. Was man anbietet, muss man selbst erst einmal kennen. Man muss wissen, welchen Mehrwert es dem Kunden bringt. Man muss auch feststellen, für wen es sich eignet.

Als nächster Schritt geht es nun zu den potenziellen Kunden. Nachdem man von seinem Angebot ausgehend festgestellt hat, für es sich konkret eignet, dann muss man diese Personengruppe kennenlernen. Man muss wissen, wie sie die Medien benutzen und worauf sie Wert legen.

Die ersten drei Schritte, das Kennenlernen der Konkurrenz, des Angebotes und der potenziellen Kunden, sind alle Schritte, die sich vor dem Start der eigentlichen Kampagne abspielen. Damit wird das Fundament geschaffen, um die richtigen Kunden auf die richtige Weise anzusprechen. Die Recherche kann dabei keinesfalls die Entscheidung eines Managers ersetzen. Recherchen liefern nur Grundlagen für Entscheidungen. Sie liefern auch eine Menge Informationen, die erst einmal eingeordnet werden müssen. Ziel ist es, nicht alles zu wissen, sondern das in Erfahrung zu bringen, was dem Marketing die größten Chancen auf einen Erfolg bringt.

Die erste Recherche ermöglicht es, das eigene Problem zu definieren. Das Problem klingt an sich einfach. Die Frage: „Wie kann ich erfolgreich sein?" umreißt es dabei in groben Zügen. Das ist aber nur ein sehr grober Anfang. Je mehr man in Erfahrung bringt, desto genauer kann man das eigene Problem an seinem jeweiligen Standort mit dem jeweiligen Angebot und der vorherrschenden Konkurrenz definieren. Je besser man das Problem definieren kann, desto einfacher wird es fallen, eine Antwort darauf zu finden. Die Antwort besteht in der Herangehensweise im Bereich des Marketings, um einen entsprechenden Kundenstamm zu gewinnen.

Die Anfangsrecherche unterteilt sich dabei in zwei Bereiche, der Grundlagenrecherche und der anwendbaren Recherche. Herzlichen Glückwunsch, Sie befinden sich gerade genau im Bereich der Grundlagenrecherche. Dieses Buch und andere Quellen werden Ihnen leider keine genauen Antworten auf genau Ihr Problem geben, denn jedes Geschäft hat seine eigenen ganz spezifischen Probleme. Dieses Buch kann Ihnen aber ein Kompass sein, eine Liste der wichtigen Punkte, um sich von den allgemeinen Lösungen zu genau den spezifischen Lösungen vorzuarbeiten, die Sie für Ihr Geschäft benötigen.

Ist die Grundlagenrecherche mit diesem Buch und anderen, allgemeinen Quellen abgeschlossen, dann geht es zur Ihrer spezifischen Recherche der Konkurrenz und Ihres Angebotes beziehungsweise Ihrer potenziellen Kundschaft.

Wir bewegen uns im Bereich des Onlinemarketings. Das bedeutet, dass Ihre Konkurrenz ebenfalls im Onlinebereich unterwegs ist. Hier kann man einfach einmal Google und Co benutzen, um sich einen Überblick zu verschaffen. Das ist nichts Verwerfliches und es hilft, einen Anfang zu finden.

Für den Bereich der potenziellen Kundschaft gibt es mehrere Wege, wie man sich einen Überblick verschafft. Angebotsspezifische Statistiken sind leicht im Internet zu finden. Das kommt daher, weil es einfach kein einzigartiges Angebot mehr gibt. Sollte sich nichts über genau Ihr Angebot finden lassen, dann empfiehlt sich eine Suche nach einem verwandten oder ähnlichen Angebot. Weiterhin kann man seine eigenen Umfragen anstellen. Bei einem kleinen Unternehmen lohnt sich jedoch keine größere Umfrage. Es reicht schon, sich bei seinen Freunden ein wenig umzuhören.

Sind alle Informationen gesammelt, wird es Zeit, eine Strategie zu entwickeln. Bei deren Umsetzung ist es wichtig, die Auswirkungen genau im Auge zu behalten. Wie schon angesprochen, lohnen sich bei kleinen Unternehmen keine großartigen Umfragen. Ein einfaches Kundengespräch bringt aber oftmals brauchbare Informationen. Weiterhin schafft es Vertrauen bei den angesprochenen Kunden und auch bei den Kunden, die sehen, wie andere Kunden angesprochen werden.

Die Beobachtung der Ausführung der Marketingstrategie sollte sich darauf konzentrieren, festzustellen, inwieweit Marketingziele erreicht werden. Dabei gibt es mehrere Unterpunkte zu beachten. Als Erstes gilt es, festzustellen, ob die Ziele überhaupt erreicht werden. Als Nächstes sollte man herausfinden, wie man die Umsetzung der Marketingstrategie noch verbessern kann, dies gilt hinsichtlich der Effektivität. Wie kann man noch mehr Leute erreichen oder die Überzeugungskraft der Botschaft erhöhen? Als Nächstes geht es um die Effizienz. Wie kann man den bestehenden Effekt der Marketingkampagne mit einfacheren, kostengünstigeren oder zeitsparenderen Mitteln erreichen? Unter diesen Gesichtspunkten kann man beobachten, wie viele Kunden kommen, wie viele davon wirklich das Angebot wahrnehmen und wie sie auf verschiedene Bereiche des Marketings und Angebotes reagieren.

Nach dem Ende eines Abschnittes der Marketingkampagne oder der ganzen Kampagne gilt es, festzustellen, inwieweit man erfolgreich war. Hierbei ist unbedingt zwischen den erreichten potenziellen Kunden und den tatsächlichen Kunden zu unterscheiden. In anderen Worten, wie viele Leute hat man ins Geschäft gebracht und wie viele davon haben zugegriffen? Gerade hier kann man Detailverbesserungen am Marketing oder am Angebot vornehmen. Auch lohnt es sich hier, die Kundengespräche noch einmal auszuwerten. Gibt es irgendwelche Ideen, die bei einer neuen Marketingkampagne den Effekt des Marketings vergrößern oder die Kosten des Marketings senken können?

Das Problem mit Marketing ist nämlich, dass es schwer ist, festzustellen, welche Maßnahmen zu viel sind und damit nur Geld verschwenden. Man sollte sich aber die Mühe machen, genau diese Maßnahmen herauszufiltern, um dann seine Mittel besser auf die effektiven Maßnahmen zu konzentrieren. Ebenso sollte man ein übermäßiges Marketing vermeiden. Zu hohe Marketingbudgets führen oft zu Werbung, deren Erfolg zwar zu bestehen scheint, doch die einfach nur über das Ziel hinausschießen. Manchmal ist eine 90-%-Lösung für die Hälfte des Preises einfach besser. Hier ist eben wichtig, für sein eigenes Angebot und seine eigenen Bedürfnisse eine Abwägung zwischen Effektivität und Effizienz durchzuführen.

Das Positionieren

Wenn Sie nicht anders als Ihre Konkurrenz sein können, dann müssen Sie eben billiger sein! Schon mal davon gehört? Dieser Grundsatz ist eine der wichtigsten Regeln des Marketings. Wir haben jedoch schon über das Thema „billig" gesprochen. Wo war das? Ja, bei der Korruption. Wenn man billiger als die Konkurrenz sein möchte, dann bekommt man eine korrupte Kundschaft. Diese kommt einfach nur wegen des Preises. Dazu kommt, dass man seine eigenen Profite schädigt. Der Preisnachlass kommt einfach von dem eigenen Profit, bei dem man Abstriche macht. Damit nicht genug, gleichzeitig setzt man das eigene Geschäft in der Wahrnehmung der Kunden herab. Das sind drei Dinge, die man nicht möchte. Was ist der Ausweg? Das Positionieren.

Das Positionieren beschreibt den Vorgang, bei dem man für sein eigenes Geschäft oder sein eigenes Angebot eine bestimmte Position findet, die es von der Konkurrenz abhebt. Man kann es auch anders nennen. Es handelt sich bei der Position um einen Wettbewerbsvorteil, den man für sich selbst schafft. Wichtig ist, zu verstehen, dass man einfach nicht an dem Wettbewerb auf dem Markt teilnimmt, wenn man über keinen Wettbewerbsvorteil verfügt. Das Mindeste als Vorteil ist die eigene Position.

Wie kann man seine eigene Position finden? Nun, die eigene Position richtet sich nach drei Faktoren: dem eigenen Angebot, der Konkurrenz und den potenziellen Kunden. Dabei kann jeder dieser drei Faktoren eine unterschiedliche Gewichtung haben, je nach den Umständen.

Eine typische Position von Anfängern ist die beste Qualität für den niedrigsten Preis. Diese Position kann man jedoch gleich vergessen, denn sie ist einfach unmöglich. Preis und Qualität hängen voneinander ab. Eine hohe Qualität bedingt einen hohen Preis und ein niedriger Preis bringt oftmals eine niedrige Qualität, so zumindest die Faustregel. Der Kunde kennt diese Faustregel und wird dementsprechend nicht an solche Versprechungen, die höchste Qualität mit dem niedrigsten Preis verbinden, glauben.

Damit kommen wir zum wichtigsten für die eigene Position, sie muss glaubwürdig und vor allem wahr sein. Man kann also entweder auf den Preis abzielen und das günstigste Angebot versprechen oder man zielt auf die höchste Qualität und lässt den Preis außen vor.

Das Positionieren erfolgt im Hinblick auf die eigenen Qualitäten. Man beschränkt sich also auf die positiven Seiten. Eine gute Qualität ist mit einem hohen Preis verbunden. Jetzt verbietet sich aber das Werben mit einer hohen Qualität für einen hohen Preis. Man beschränkt sich also auf das Bewerben der hohen Qualität. Der Preis wird nicht erwähnt. Umgekehrt, wenn es um den niedrigsten Preis geht, spricht man nicht die Qualität an.

Das Positionieren muss sich konzentrieren. Man kann nicht 5 Punkte oder mehr in seine Position einbringen. Es geht um eine Position, einen Punkt und auf diesen einen Punkt konzentriert man sich.

Jetzt lesen Sie das hier und schon geht es in Ihrem Kopf rund. Der Preis wird gegen die Qualität abgewogen. Das ist aber nicht das, worum es eigentlich gehen sollte. Preis und Qualität dienen hier nur als Beispiel. Wenn man sich nämlich umschaut, dann wird man feststellen, dass nur einige Marken sich tatsächlich über den Preis oder die Qualität positionieren. Es gibt auf der anderen Seite jedoch viele Marken, die sich auf andere Bereiche konzentrieren. Das ist auch gut so, denn nur einer kann die höchste Qualität oder den niedrigsten Preis haben.

Das Positionieren kann sich im Wesentlichen auf zwei Wege konzentrieren. Einmal kann es direkt im Vergleich zur Konkurrenz geschehen und zum anderen kann es sich direkt auf das eigene Angebot konzentrieren.

Will man seine Position im Vergleich zur Konkurrenz finden, muss man gleich von Anfang an etwas wissen: Vergleichende Werbung ist verboten. Man kann sein Marketing also nicht betreiben, indem man die Konkurrenz beim Namen nennt und sich dann dazu in Relation setzt. Man kann jedoch die anderen als eine unbenannte Masse behandeln. In einem solchen Fall sollte man sich auf eine von drei typischen Aussagen beschränken.

Als Erstes kann man sich als besser als die Konkurrenz darstellen. Das kann auf mehrere Arten geschehen. Diese Arten können ein an sich besseres Angebot sein, ein besserer Service verbunden mit dem Produkt oder dem Hauptservice oder einfach nur ein besseres Preis-Leistungs-Verhältnis.

Als Zweites kann man sich einfach nur als anders, als die anderen darstellen. Heutzutage ist die Individualität ein sehr wichtiger Punkt für viele Leute. Sie wollen einfach anders sein oder etwas anderes als die anderen haben. Eine simple Botschaft, wie „einfach anders" oder „nur anders", kann dabei schon ausreichend sein.

Als Drittes kann man sich auch als das Gegenteil von etwas darstellen. Dabei nutzt man etwas, was allgemein als schlecht empfunden wird. Zucker zum Beispiel wird als Verursacher von Diabetes immer mehr verteufelt. Süßstoff könnte man dann als „das Gegenteil von Zucker" erfolgreich verkaufen. Man muss einfach nur sehen, ob sich ein positives Gegenteil zu einer negativen Empfindung finden lässt, die auf das eigene Angebot passt.

Will man sich auf das eigene Angebot konzentrieren, muss man auch etwas von vornherein wissen: Es gibt heutzutage kein einzigartiges Produkt und keinen einzigartigen Service mehr. Was immer man auch dem Kunden bietet, kann dieser auch woanders bekommen. Es ist also wichtig, hier einen Punkt zu finden, der dem Kunden besonders wichtig ist. Das kann zum Beispiel eine besondere Freundlichkeit des Personals im eigenen Geschäft sein. Bei einem Produkt kann die eigene Position ein besonderer Service um das Produkt herum sein. Bei einem Service kann die eigene Position in zusätzlichen Angeboten oder einer besonders schnellen Erledigung von Aufträgen liegen. So oder so, man muss etwas finden, was die Konkurrenz nicht abdeckt und was den Kunden glücklich macht. Nicht vergessen: Kein Kunde bedeutet auch kein Geschäft!

Egal, welchen Weg man geht, man muss anders als die Konkurrenz sein und der Kunde muss dieses „Anders" als einen Gewinn ansehen. Hier lohnt es sich, wirklich etwas Zeit zu investieren. Wenn man sich über die eigene Position nicht so klar ist, dann lohnt es sich auch, einfach mit der Arbeit anzufangen. Bald wird man an den Anfragen der Kunden feststellen, was für diese besonders wichtig ist und dann richtet man sein Angebot einfach darauf ein. Schon hat man seine eigene Position gefunden und kann diese dann für sein Marketing benutzen.

Das Segmentieren

Das Marketing heutzutage hat sich stark verändert. Früher hatte eine Firma ein Produkt und das musste eben für alle passen. Jetzt aber gibt es für jede Vorliebe, für jede Weltanschauung und jede Nische eine eigene Auswahl. Damit ergibt sich auch für das Marketing, dass es das eine Publikum, die eine Kundschaft, nicht mehr gibt. Man muss die potenziellen Kunden in Gruppen einteilen, also segmentieren, und die Gruppe herauspicken, die einem am meisten bringt.

Die potenzielle Kundschaft lässt sich nach verschiedenen Kriterien einordnen. Die hauptsächlichsten sind die Geografie, Demografie, Psychografie und das Verhalten. Jedes Unternehmen, Geschäft oder schlicht jedes Business, muss für sich selbst entscheiden, nach welchen Kriterien es seine potenziellen Kunden einordnen möchte. Regionale Unternehmen, die über das Internet nach Kunden suchen, sollten immer mit der Geografie beginnen. Überregionale Unternehmen, die zum Beispiel eine Onlinedienstleistung weltweit anbieten, können diesen Punkt außen vor lassen.

Wer nach geografischen Merkmalen einteilt, der kann dabei mit verschiedenen Größeneinheiten vorgehen. Für ein regionales Unternehmen bietet sich die eigene Region an. Das schließt den eigentlichen Standort mit den umliegenden Ortschaften ein. Einkaufsläden in einer Großstadt könnten sich auf die Bedürfnisse dieser Großstadt konzentrieren. Andere Einkaufsläden in der gleichen Großstadt mögen jedoch gerade auf den Tourismus setzen. Es kommt bei dem eigentlichen Segmentieren auch auf das eigene Angebot an. Dabei kann man die geografische Unterteilung beliebig von Dorf über Stadt und Land bis hin zu Staat und Kontinent vornehmen.

Für die meisten einheimischen Unternehmen beginnt die Segmentierung mit der Geografie, solange der Internetauftritt und das Onlinemarketing einem Offlineservice, also einem Service außerhalb des Internets, dienen. Liegt das Hauptaugenmerk auf einer Dienstleistung im Internet in deutscher Sprache, dann wird ebenfalls die Geografie eine wichtige Rolle spielen. Beide Sparten decken die überwiegende Mehrheit der betroffenen Geschäfte ab. Nur sehr wenige Dienstleister oder Warenanbieter bieten tatsächlich einen geografisch unabhängigen Service.

Ein weiteres, sehr wichtiges Kriterium, neben der Geografie, ist die Demografie. Das liegt einfach in der Natur der Sache. Wer ein Angebot online bewirbt, richtet sich fast immer nur an eine bestimmte demografische Gruppe. Wer zum Beispiel Handtaschen online verkauft, richtet sich damit überwiegend an die weibliche Kundschaft. Wer Lehrbücher für die Universität verkauft, richtet sich an Studenten zwischen 19 und 25 Jahren.

Hinter dem Begriff Demografie verbirgt sich alles, was die Bevölkerung an einem Ort anbelangt. Das können Merkmale wie das Geschlecht, Alter, Einkommen oder auch Beschäftigung sein. Das gilt sowohl für den Anbieter, der sich an den einfachen Kunden wendet, als auch für den Anbieter, dessen Angebot sich an Unternehmen richtet. Wer zum Beispiel Autositze produziert, wird sich damit mit Sicherheit an Autoproduzenten als Abnehmer wenden. Hier kommt der Bereich Beschäftigung zum Tragen.

Die Segmentierung nach psychografischen Gesichtspunkten wird von der Masse der Geschäfte gern übersehen und nur von Nischenanbietern beachtet. Die Rede ist hier von dem jeweiligen Lebensstil, der sozialen Herkunft und anderen persönlichen Charakteristiken. Der normale Unternehmer wird sich kaum in diese Bereiche für ein Segmentieren seiner Kundschaft vorwagen. Bestimmte Läden aber, wie zum Beispiel für Kleidung im Gothicstil, konzentrieren sich genau auf solche Merkmale. Gern übersehen können die psychografischen Merkmale aber auch große Vorteile im Bereich des Marketings bringen. Das gilt immer dann, wenn eine Nische brachliegt und man sie mit seinem Angebot bedienen kann.

Die Segmentierung über das Verhalten der potenziellen Kundschaft setzt diese in Verbindung mit dem Angebot. Man unterteilt die Leute dann danach, wie viel und was sie über das Angebot wissen, wie sie ihm gegenüberstehen und wie sie darauf reagieren. Dabei gibt es viele Unterpunkte zu beachten.

Das Verhalten der potenziellen Kundschaft kann sich auf eine bestimmte Gelegenheit beziehen. So werden alle Produkte, die mit Weihnachten in Verbindung stehen, eben nur anlässlich dieser Gelegenheit Kundschaft finden. Andere Angebote bringen den Kunden einen bestimmten Vorteil. Ebenso entscheidend kann ein sozialer Status sein, den man mit dem Produkt erhält. Das zeigt sich immer dann, wenn jemand zum Beispiel einen sehr teuren Sportwagen kauft. Weitere Unterkriterien sind die Häufigkeit der Benutzung, die Loyalität der Kundschaft einem bestimmten Anbieter gegenüber, hier sei auf das Beispiel Coca-Cola verwiesen, und die allgemeine Bereitschaft der Kundschaft, das eigene Angebot in Anspruch zu nehmen.

Eine Segmentierung nach den angesprochenen Kriterien ist ein Anfang, aber sie bringt allein noch nicht den gewünschten Erfolg. Eine Unterteilung in bestimmte Segmente bringt nur dann einen Vorteil, wenn man die richtigen Segmente, oder zumindest eines davon, finden kann. Richtige Segmente sind die, die sich messen lassen, erreichbar und substanziell sind und die effektiv angesprochen werden können.

Ein Segment ist messbar, wenn man die bestimmten Größen dieses Segmentes kennt oder in Erfahrung bringen kann. Darunter fällt als Erstes die Größe des Segmentes an sich. Wie viel Prozent der Bevölkerung ist in diesem Segment vertreten? Weiterhin braucht dieses Segment eine gewisse Kaufkraft und letztendlich müssen sich die Größe und die Kaufkraft auch tatsächlich feststellen lassen. Bei kleineren Unternehmen kann man dazu eine Recherche im Internet vornehmen. Größere Unternehmen können eine eigene Studie durchführen.

Ein Segment ist erreichbar, wenn es das eigene Angebot in Anspruch nehmen kann. Es macht keinen Sinn, Klimaanlagen für die Einwohner Nigerias zu verkaufen, wenn man sich in Deutschland befindet. Der Lieferweg wäre zu weit und die Kosten zu hoch. Dazu kommen Unsicherheiten im Transport und niemand in Nigeria würde einen deutschen Anbieter über eine solche Distanz hinweg auswählen.

Wir haben schon das eine oder andere Mal das Wort Nische angesprochen. Heute werden bestimmte Nischen immer attraktiver. Bevor man sich aber auf ein solches, mitunter dünnes, Eis wagt, sollte man sichergehen, dass die besagte Nische, als das Segment, substanziell ist. Dahinter verbirgt sich nichts anderes als ein ausreichend großer Stamm an potenziellen Kunden, um ein Investment in diesen Bereich zu rechtfertigen. In anderen Worten, es nützt nichts, sich auf eine Nische zu konzentrieren, die so klein ist, dass man davon nicht überleben kann.

Schlussendlich muss ein Segment auch effektiv angesprochen werden können. Dazu gehört, dass man es mit seinem Onlinemarketing auch erreichen kann. Das wird bei bestimmten Kundengruppen keineswegs leicht sein, zum Beispiel bei den Einwohnern eines Altersheimes. Es reicht aber nicht, die Kundengruppe nur zu erreichen. Diese muss auch beeinflussbar sein beziehungsweise man muss sie auch überzeugen können. In anderen Worten, dieses Segment muss die Werbung als solche nicht verunmöglichen, indem sie sich Medien verweigert oder einfach Werbung ignoriert.

Hat man seine potenziellen Kunden in bestimmte Segmente unterteilt, dann gilt es nun, das oder die Zielsegmente herauszupicken. Als Erstes fliegen alle Segmente aus der Auswahl, die für eines der angesprochenen Kriterien kein gutes Segment darstellen. Das sind all die Segmente, deren Größe beziehungsweise Kaufkraft sich nicht feststellen lässt, die das Angebot nicht erreichen kann, deren Substanz nicht ausreicht oder die nicht überzeugt werden kann. Von den Segmenten, die noch übrig bleiben, wählt man die als Zielgruppe, die der eigenen Position am freundlichsten gegenüberstehen und wo sich ein Einsatz von Marketing am meisten lohnt. Dabei kann man gern auch die eigene Position den Zielsegmenten angepasst werden.

Die richtige Zielsetzung

Das Ziel bedingt die Handlung. Die Handlung folgt dem Ziel. Damit ist es das richtige Ziel, das den Ausschlag für den Erfolg oder den Misserfolg einer Handlung setzt. Gerade aber bei der Zielsetzung machen die meisten Leute im Bereich des Marketings ihre richtig groben Fehler. Aufgrund dieser Fehler können sie aber niemals Erfolg haben.

Die Festlegung des Zieles folgt der vorgeschlagenen Trennung von Marketing und Verkauf. Noch mal, diese Trennung ist wichtig, um später Verbesserungen vornehmen zu können. Diese Trennung muss sich auch im Ziel niederschlagen.

Ein gutes Ziel muss immer dem Ziel des Unternehmens folgen. Das Ziel des Unternehmens ist es gewöhnlich, mehr Kunden für das Angebot zu finden. Das Ziel sollte aber nicht sein: „Wir wollen mehr Kunden finden." Dieses Ziel ist auf mehreren Ebenen falsch. Noch mal, das Ziel des Marketings muss dem Unternehmensziel folgen, es aber nicht übernehmen. Während das Ziel des Unternehmens gewöhnlich mehr Kunden sind, was sich im Verkauf niederschlägt, ist das Ziel des Marketings, mehr Kunden anzulocken. Die Arbeit des Marketings endet also damit, den Kunden in das Geschäft zu bringen und ihm dort das Angebot vorzustellen. Kommt der Kunde und sieht das Angebot, nimmt es aber nicht in Anspruch beziehungsweise kauft es nicht, dann war das Marketing erfolgreich, doch die Abteilung Verkauf beziehungsweise Einkauf muss sich um ein besseres Produkt kümmern.

Die Ziele des Marketings sollten sich auch immer darauf ausrichten, die vorhandene Situation zu verbessern. Dies bedeutet, es geht
darum, mehr Kunden anzulocken, nicht einfach nur den Kundenstamm
zu halten. Während Letzteres ein natürlich ebenfalls wichtiger Punkt
ist, kann es nicht das einzige Ziel sein. Was aber ein weiteres mögli-
ches Ziel sein kann, ist, die Zahl der wiederholten Inanspruchnahme
zu erhöhen. Dieses Ziel richtet sich darauf aus, mehr Kunden dazu zu
bewegen, wiederzukommen. Dabei ist dieses Beispiel aber noch kein
vollständiges Ziel, wie man gleich sehen wird.

Ziele sollten klar definiert sein. Das bedeutet, dass das Ziel,
mehr Kunden anzulocken, allein noch kein echtes Ziel darstellt. „Mehr
Kunden" ist recht nebulös und ohne feste Vorgaben lassen sich daraus
keine weiteren Handlungspunkte festlegen. Stellt man aber eine bestimmte Zahl an Kunden in den Raum, zum Beispiel eine Erhöhung
der Laufkundschaft um 10 %, dann hat man eine klare Richtung. Hier
kann man sowohl die gewünschte Handlungsrichtung als auch den damit verknüpften Aufwand ablesen.

Ziele müssen weiterhin spezifisch sein. Sie sollten sich auf
einen bestimmten Zeitraum, ein bestimmtes Angebot oder eine bestimmte Wahrnehmung beziehen. Das wiederum gibt Anhaltspunkte
für die erforderlichen Handlungen. Die Auswahl an Optionen ergibt
sich bei spezifischen Zielen von allein. Im letzten Absatz war die
Rede von der Laufkundschaft. Diese sollte um 10 % erhöht werden.
Hier gibt es bereits ein spezifisches Kriterium: die Laufkundschaft. Es
gibt auch ein definiertes Kriterium: 10 %. Es fehlen aber noch immer
wichtige Informationen. Hier sollte zum Beispiel ein Zeitraum eingebaut werden. Dieser kann sich auf bestimmte Wochentage oder einen

Zeitrahmen beziehen. Dies ist natürlich wiederum an Abhängigkeit von dem Angebot.

Das Ziel selbst muss ebenso messbar sein. In dem Beispiel der Laufkundschaft und deren Erhöhung um 10 % liegt die Messbarkeit vor. Man beobachtet nur die Anzahl der Kunden, die einfach in den Laden kommt, und zählt diese für jeden Tag. Für den folgenden Monat setzt man sich das Ziel, diese Laufkundschaft im Monatszeitraum (spezifisch) um 10 % (klar definiert) zu erhöhen (Verbesserung). Dabei bezieht sich dies aber nur auf die Anzahl der Personen, die in den Laden kommen und nicht auf die Anzahl der Verkäufe. Man legt seine Maßnahmen fest, zum Beispiel eine bessere Auslage im Schaufenster, und dann zählt man im Folgemonat wiederum die Anzahl der Laufkunden. So hat man ein messbares Ergebnis, indem man die Zahlen für die beiden relevanten Monate vergleicht.

Zu guter Letzt muss das Ziel auch erreichbar sein. Es macht keinen Sinn, für einen kleinen Laden ein Ziel zu setzen, das nicht einmal ein Einkaufszentrum erreichen kann. Man sollte sich also immer nur kleine Verbesserungen als Ziel vornehmen und so über die Zeit hinweg, Schritt für Schritt, sein Unternehmen stärken.

Um das Ganze besser zu verstehen, nehmen wir uns ein paar Beispiele vor. Das Ziel, die Verkäufe um so und so viel Prozent zu erhöhen, ist ein unbrauchbares Ziel. Hier wird die Güte des Angebots direkt mit dem Marketing vermischt. Dadurch lassen sich Fehler schwerer entdecken und dementsprechend schwerer beheben.

Das Ziel, die Besucherzahlen auf der Webseite des Unternehmens zu erhöhen, ist kein gutes Ziel, denn es ist nicht definiert und spezifisch genug. Hier sollte man erst einmal beobachten, welche Anzahl an Besuchern man über welchen Zeitraum hat. Dann kann man darauf aufbauend sein Ziel formulieren. Dies könnte dann so aussehen: „Die Anzahl der Besucher auf der Homepage wird um 10 % innerhalb eines Monatszeitraumes erhöht". Eine Erhöhung um 10 % ist durchaus erreichbar, es ist definiert genug und der Zeitrahmen macht es spezifisch. Damit kann man arbeiten und entsprechende Maßnahmen ergreifen. Während man diese Maßnahmen ergreift, kann man gleichzeitig die Anzahl der Besucher pro Tag verfolgen und dabei erste Erfolge ablesen oder einen weiteren Handlungsbedarf erkennen.

Die richtigen Ziele sollten immer klein und eng genug sein. Klein genug ergeben sie ein gesundes Maß an Erreichbarkeit und eng genug geben sie gleich in sich die ersten Handlungsoptionen. Damit sind die richtigen Ziele das A und O für jede erfolgreiche Marketingkampagne. Das Marketing funktioniert damit wie jedes andere Problem. Hat man ein Problem erst einmal klar genug definiert, dann findet sich eine Lösung oftmals von allein. Ist das Ziel nur klar genug definiert, spezifisch, messbar und erreichbar und stellt es eine Verbesserung der Situation dar, dann ergeben sich dabei die nötigen Handlungen fast schon von allein.

Die Kommunikationskanäle

Dieses Buch ist über das Onlinemarketing. Da erscheint ein Kapitel über Kommunikationskanäle überflüssig, denn es handelt sich schließlich um den Kommunikationskanal Internet, richtig? Leider besteht das Internet nicht nur aus einem Kommunikationskanal. Es besteht in Wahrheit aus vielen unterschiedlichen Medien, die ihre eigenen Charakteristiken innerhalb des großen Komplexes Internet aufweisen. Dabei geht es um eine unbeeinflusste und eine beeinflusste Meinungsbildung. Es geht um kontrollierte und unkontrollierte Medien und alles steht unter den Leitsternen des Timings, des Budgets und des Medienkonsums des Zielsegmentes.

Bevor wir uns jedoch den eigentlichen Kommunikationskanälen widmen können, brauchen wir ein wenig Verständnis für die Prozesse, die innerhalb der potenziellen Kundschaft ablaufen. Das Ziel ist es, dass der potenzielle Kunde das Angebot annimmt und damit zu einem vollwertigen Kunden wird. Die Prozesse laufen dabei in 5 wesentlichen Schritten ab.

Der erste Schritt ist die Wahrnehmung oder das Bewusstsein. Der potenzielle Kunde muss das Angebot, das auf ihn abzielt, wahrnehmen oder sich über die Existenz dieses Angebotes bewusst sein. Dieses Bewusstsein baut sich über zwei mögliche Kanäle auf. Das eine sind die Massenmedien und das andere sind Familie, Freunde und Bekannte.

Der zweite Schritt ist das Interesse. Der potenzielle Kunde soll für das Angebot interessiert werden und er soll dazu verleitet werden, sich mehr über das Angebot zu informieren. Auch hier eignen sich Massenmedien und Empfehlungen aus dem Familien-, Freundes- und Bekanntenkreis.

Der dritte Schritt ist die Beurteilung. Der noch immer nur potenzielle Kunde, der sich über das Angebot informiert, wird dieses Angebot nun beurteilen. Dazu eignen sich jedoch die Massenmedien selbst weniger, auch wenn sie zum Träger der Information werden können, während die Information selbst jedoch von anderer Seite kommt. Beispiele dafür sind Informationen, die die Regierung oder regierungsnahe Organisationen herausgeben. Diese Informationen sind für eine Beurteilung glaubhaft, weil die Quelle, nicht das Medium, Vertrauen verdient. Informationen können aber auch von anderer Seite kommen, dazu gehören Interessengruppen, Experten und natürlich wieder die Familie, Freunde und Bekannte. Weiterhin sind Bewertungen interessant, die Nutzer des Angebotes veröffentlichen. Dies kann in Blogs, als Kommentare oder auf den Angebotsseiten selbst als Bewertungen erfolgen.

Nach der Beurteilung erfolgt als vierter Schritt der Versuch. Der Kunde nimmt nun einen kleinen Teil des Angebotes in Anspruch. Dabei bildet er sich eine eigene Meinung und vergleicht diese mit den Bewertungen und Berichten, die er zuvor gelesen beziehungsweise gesehen hat. Ebenfalls finden wiederum die altbekannten Familienmitglieder, Freunde und Bekannte Gehör. All das zusammen formt jetzt die Entscheidung über die Annahme oder die Ablehnung des Angebotes.

Im fünften Schritt wird das Angebot angenommen und immer wieder frequentiert. Der Kunde wird zu einem Stammkunden. Dies geschieht dann unter Betrachtung der eigenen Erfahrung und der Bewertung durch die Familienmitglieder und Freunde.

Der erste, zweite und dritte Schritt, also die Wahrnehmung, das Interesse und die Bewertung erfolgt im Allgemeinen in dem Bereich der beeinflussten Meinungsbildung. Hier erhält der potenzielle Kunde seine Informationen aus voreingenommenen Quellen. Diese Quellen sind im Falle der Massenmedien das Unternehmen selbst, das für sein Angebot Werbung macht. Dazu kommen natürlich die Informationen von Familienmitgliedern, Freunden und Verwandten, die alle ihre eigenen subjektiven Sichtweisen einbringen. Ebenfalls wird gerade im zweiten und dritten Schritt, also dem Aufbau des Interesses und der Bewertung, noch nach Informationen vonseiten des Anbieters selbst gesucht. Das geschieht für das Onlinemarketing interessant entweder über Suchmaschinen, in einschlägigen Blogs und auf der Seite des Anbieters.

Mit dem zweiten und dritten Schritt beginnt auch die unbeeinflusste Meinungsbildung bei zumindest einem Teil der potenziellen Kundschaft. Diese überprüft Informationen auf ihren potenziellen Wahrheitsgehalt und wägt gutes gegen schlechtes Feedback ab.

Schritt vier, der eigene Versuch, bringt wieder die unbeeinflusste Meinungsbildung in den Vordergrund, weil sich hier der Kunde sein eigenes Bild bildet. Dazu kommt aber immer noch eine gewisse Beeinflussung durch Familie, Freunde und Bekannte. Schlussendlich kommt die Annahme des Angebotes durch einen eigenen Entschluss.

Dennis Sander

Das klingt jetzt alles wahnsinnig kompliziert, doch es ist im Grunde genommen sehr einfach. Man muss als Erstes erkennen, dass die Prozesse in der potenziellen Kundschaft in mehreren Schritten ablaufen, und dass man ihr das Marketing entsprechend mundgerecht platziert. Wenn man auch dann noch weiß, welche Schritte mit welcher Art von Meinungsbildung kombiniert werden, kann man seine eigene Darstellung dementsprechend ausrichten. Man kann also die Massenwerbung nutzen, um den Kunden über die Existenz des Angebotes zu unterrichten und sein Interesse zu wecken. Dann sollte man dieses Interesse auf anderen Wegen bedienen und weiter aufbauen, um dann eine positive Bewertung zu erzielen. Kurz und klein: Schritt 1 – Bannerwerbung, Schritt 2 – Homepage, Schritt 3 – Homepage und Bewertungen durch vorherige Kunden, Schritt 4 – Anleitungen, um das Ausprobieren zu vereinfachen, Schritt 5 – ein gutes Angebot, dessen Annahme einen Mehrwert bringt. Dies ist ein grober Anhaltspunkt und wird im Folgenden verfeinert.

Im Bereich des Internets gibt es kontrollierte und unkontrollierte Medien. Kontrollierte Medien sind die Medien, die sich unter der eigenen Kontrolle befinden. Dazu zählen Bannerwerbung, bezahlte Angebote auf Google und Co und die eigene Webseite. Überall dort entscheidet man selbst, was gezeigt wird und wie es gezeigt wird. Unkontrollierte Medien sind die Bewertungen von Kunden, Blogs, wobei Letztere zumindest teilweise kontrollierbar sind, solange sie sich auf der eigenen Homepage befinden, und dank Sharing und Likes die sozialen Netzwerke. Hier kann die Community, die sich dort mit der Zeit bildet, selbst die Inhalte bestimmen.

Kontrollierte Medien bringen eine Menge Vorteile. Der Wichtigste davon ist die totale Kontrolle über den Inhalt. Damit lässt sich sicherstellen, dass derjenige, der in den Kontakt mit diesem Inhalt kommt, eine positive Darstellung des Angebotes sieht. Ebenso erlaubt es diese Kontrolle, die Zeit und den Ort der Darstellung zu wählen. So kann man sichergehen, dass es das Zielsegment dann sieht, wenn es online geht und dort sieht, wo es sich befindet. Ebenso lässt es ein präzises Anvisieren des Zielsegmentes über bestimmte Schlagwörter oder, bei Facebook und Co, über bestimmte Vorlieben zu. Das stellt sicher, dass die damit verbunden Kosten tatsächlich nur auf das gewünschte Zielsegment entfallen. Ebenso präsentiert es sich dem Zielsegment direkt. Es ist also nicht in der Mitte eines ungezielten Bombardements mit Werbung, wie es zum Beispiel bei den Werbeunterbrechungen im Fernsehen der Fall ist.

Natürlich haben kontrollierte Medien auch ihre Nachteile. Darunter fallen zum Ersten die Kosten und der Aufwand, diese herzustellen. Eine Homepage möchte entworfen sein, sie muss mit Text und Bildern gefüllt und der Webspace muss angemietet werden. Dazu kommt die Bezahlung für Klicks, die bei Facebook und Google und Co für die Werbung leisten muss.

Wie die kontrollierten Medien, so haben auch die unkontrollierten Medien ihre Vorteile. Das Erste ist der geringe Aufwand und die geringen Kosten, denn die Inhalte werden von der Community erstellt und verbreitet. Weiterhin sind die Inhalte glaubwürdiger, denn sie kommen von einem Dritten und nicht von dem Unternehmen selbst.

Diesen Vorteilen stehen jedoch die Nachteile gegenüber. Dazu gehört, dass der Inhalt und das Timing völlig unkontrolliert sind. Die Inhalte können das Angebot in einem schlechten Licht darstellen und einfach zur falschen Zeit erscheinen. Dazu kommt das Potenzial für Fehler in der Darstellung, selbst, wenn diese vielleicht nicht grundsätzlich negativ ist.

Neben diesen offensichtlichen Faktoren sind es auch die drei Leitsterne, die die Medienauswahl beeinflussen. Ist das Timing ein wichtiges Element, dann kann man nur auf die kontrollierten Medien zurückgreifen, denn nur diese lassen eine zeitliche Kontrolle zu. Ist das Budget ein wichtiges Element, dann bedeutet das nicht gleich, dass man auf unkontrollierte Medien setzen sollte. Eine Community braucht mitunter Einiges an Investitionen in Form von Zeit und Geld, bevor sie sich ausreichend entwickelt hat und zu einem Selbstläufer geworden ist. Wichtig ist auch, dass das Zielsegment das Medium auch konsumiert. Hier verengt sich die Auswahl also schon einmal von ganz allein.

Was so einfach aussieht, wie die Auswahl des Mediums für die Werbung, wird ein wenig kompliziert, wenn man alle Faktoren berücksichtigt. Am besten fängt man mit dem Zielsegment an und dem Medium, das dieses konsumiert. Damit verengt sich die Auswahl und dann ist es eine Frage der Zeit und des Risikobewusstseins beziehungsweise der Risikobereitschaft. Will man andere über das eigene Angebot schreiben lassen? Das kann eine sehr glaubwürdige Hilfe sein, aber auch ebenso leicht gegen das eigene Angebot ausfallen.

Die richtige Message

Marketing, sei es nun online oder offline, hat das Ziel, eine Message an den Kunden zu bringen. Diese Message soll dann den Kunden animieren, das eigene Angebot wahrzunehmen. Das ist aber nicht so leicht, denn wie schon vorher besprochen, erfolgt die Entscheidung für das Angebot in 5 Schritten. Diese waren das Bewusstsein, dass das Angebot überhaupt existiert, das Interesse, mehr darüber zu erfahren, die Bewertung des Angebotes, das Ausprobieren und dann schließlich die Annahme des Angebotes. Eine Message, die all das leistet, gibt es nicht.

Die Message muss sich auf ein wesentliches Element konzentrieren. Welches Element dies ist, unterscheidet sich nach Angebot, aber auch nach Anbieter und den eigenen Vorlieben. Man kann sich für die Darstellung des Angebotes selbst entscheiden, für eine Verbindung zwischen dem Angebot und dem potenziellen Kunden oder auf eine Darstellung des Anbietenden selbst, sprich, des eigenen Unternehmens. Egal, für welches Element man sich entscheidet, es muss 4 Kriterien erfüllen. Die Message muss gehört werden, sie muss verständlich sein, sie muss in der Erinnerung bleiben und sie sollte eine Handlung bewirken.

Als Erstes muss die Message gehört werden. Die Leser, Zuschauer oder Zuhörer müssen ihr Beachtung schenken. Dazu muss die Message kurz sein. Kein Leser wird ein E-Book über die Qualität des eigenen Produktes lesen, das 500 Seiten aufweist. Die Message kann in dem Motto oder Slogan des Unternehmens bestehen oder einem kurzen Werbefilm, einem Blogeintrag oder einem Post auf Facebook.

Weiterhin muss die Message mit einem sogenannten Hook beginnen. Damit greift man sich die Aufmerksamkeit der potenziellen Kunden und hält diese auf die Botschaft gerichtet. Man beginnt also nicht wie bei einem Roman mit einem langsamen Spannungsanstieg. Niemand würde dem folgen. Man muss die wichtigste Information, den größten Knaller, den überzeugendsten Punkt direkt an den Anfang setzen. Der potenzielle Kunde steht der Werbung heute feindlich gegenüber. Man kann also nicht auf ein wohlwollendes Verweilen bei der eigenen Botschaft setzen. Man muss sich beeilen, den Kunden zuerst davon zu überzeugen, der Message Aufmerksamkeit zu schenken, bevor dieser sich davon abwenden kann. Dann erst kann man sich darauf konzentrieren, das eigene Angebot an den Mann zu bringen.

Die Message muss verständlich sein. Umständliches Fachchinesisch hat hier nichts verloren. Man muss mit dem Verständnis der potenziellen Kunden arbeiten und die Message so abfassen, dass der Kunde sie auch verarbeiten kann. Dazu gehört auch, die Message nicht zu umfangreich zu gestalten. Anstatt also viele Punkte zu erklären, konzentriert man sich nur auf einen Punkt. Gerade bei komplizierten Themen sollte man dann nicht Hunderte von Wörtern benutzen, um diesen Punkt umständlich zu erklären. Man stellt ihn in zwei bis fünf Sätzen in der einfachsten möglichen Weise dar.

Die Message muss in Erinnerung bleiben. Es nützt nichts, wenn der potenzielle Kunde die eigene Botschaft gleich wieder vergisst, dann war der ganze Werbeaufwand umsonst. Daher gilt auch hier wieder, man halte die Botschaft kurz. Dabei sollte man am besten ein Bild entwerfen, das in der Erinnerung haften bleibt. Komplizierte Beschreibungen sind zu vermeiden.

Schließlich muss die Message den potenziellen Kunden dazu überzeugen, sich mehr mit dem Produkt zu befassen. Dazu gehört eine Handlungsaufforderung an das Ende der Message. Diese sollte aber nicht zu direkt sein, damit sie nicht gleich wieder vom Kunden zurückgewiesen wird.

Kommen wir zu den Elementen, auf die man sich konzentrieren kann. Grob gesagt kann man diese in die Kategorien Angebot, Anbietender und die Verbindung Kunde zum Angebot einteilen. Dazu stehen wiederum verschiedene Wege zur Verfügung.

Will man sich auf das Angebot selbst konzentrieren, kann dies mit drei verschiedenen Settings erfolgen. Das Erste ist das sogenannte Stück des Lebens. Man nimmt hierbei einen Aspekt aus dem normalen Leben und zeigt das Angebot in diesem Setting. Damit zeigt man die Nützlichkeit des Angebotes für den angesprochenen Kundenkreis. Das Zweite ist der wissenschaftliche Beweis. Hierbei benutzt man Statistiken, Umfragen oder andere wissenschaftliche Methoden, um zu beweisen, dass sich das eigene Angebot am besten eignet oder mehr von der Kundschaft akzeptiert wird, als andere Marken. Dabei sollte man aber die anderen Marken keineswegs beim Namen nennen. Das Dritte ist die unterstützende Aussage. Dafür braucht man eine Person, die entweder allgemein bekannt und beliebt ist oder die einen fachlichen Hintergrund aufweist. Diese Person unterstützt jetzt die Brauchbarkeit, Verwendungsfreundlichkeit oder Beliebtheit des Angebotes.

Die erste Methode konzentriert sich auf die einfache Darstellung des Produktes, während die zweite und dritte Methode dem Angebot noch eine besondere Glaubwürdigkeit verleiht.

Für einige Angebote eignet es sich aber auch besonders, sich auf den Anbietenden selbst zu konzentrieren. Hierbei zeigt man das eigene Unternehmen und bringt dessen Expertise im Bereich des Angebotes zum Vorschein. Man konzentriert sich auf die vergangene Kundschaft, erfolgreiche Projekte oder bewältigte Herausforderungen. Ziel ist es, im Kunden ein Vertrauen in den Anbietenden aufzubauen, welches sich dann als Vertrauen in das Angebot selbst niederschlägt.

Die meisten Möglichkeiten stehen im Bereich der Verbindung zwischen dem Angebot und dem Kunden offen. Hierbei kann man auf einen Lifestyle, eine Fantasie, eine Stimmung oder ein Image, Musik oder einen bestimmten Charakter setzen.

Konzentriert man sich auf den Lifestyle, dann braucht man als Erstes ein Angebot, das sich auf einen bestimmten Lebensstil ausrichtet. Dieses Angebot setzt man dann mit diesem Lifestyle in Verbindung, sei es, weil es diesen Lebensstil unterstützt, ihm Ausdruck verleiht oder ihm einfach nur unterstützt. Damit schafft man sofort eine Verbindung zwischen dem Angebot und den Leuten, die sich diesem bestimmten Lebensstil verschrieben haben. Da Letzteres oftmals eine sehr starke Verbindung mit der Person und dem betreffenden Stil darstellt, ergibt sich auch eine sehr starke Verbindung und damit Präferenz für das Angebot.

Fantasien sind ebenfalls ein sehr wirksames Mittel. Jeder Mensch entflieht der Wirklichkeit mit seinen eigenen Tagträumen.

Dies dient der Entspannung und kommt besonders bei Menschen unter permanentem Stress zum Tragen. Wenn man nun eine Fantasie liefert, die die Entspannung unterstützt und eine Flucht aus dem Alltagsstress erlaubt, bekommt man oftmals eine sehr starke Verbindung zwischen den Personen, die auf diese Art Entspannung ansprechen. Damit entwickeln diese eine starke Präferenz für das eigene Angebot.

Setzt man auf eine Stimmung oder ein Image, dann erschafft man ganz allgemein eine Verbindung zum Angebot. Dabei kann auf Erklärungen und ausgeklügelte Darstellungen komplett verzichtet werden. Im Vordergrund steht es, den analytischen Teil des Gehirns zu umgehen und direkt in den Bereich der Gefühle vorzudringen. Dies hinterlässt einen sehr lang anhaltenden Effekt. Dazu aber in einem eigenen Kapitel mehr.

Musik wiederum ist die Hörbarmachung von Gefühlen. Damit bringt es eine Musik sehr leicht fertig, eine Verbindung zwischen dem Angebot und einem potenziellen Kunden zu erzeugen. Wer also auf YouTube oder Filmchen auf seiner Homepage setzt, sollte immer eine einfache Melodie einbauen, die in das Gehör dringt. Damit erreicht man das Unterbewusstsein des potenziellen Kunden und bringt wiederum einen nachhaltigen Effekt. Auch hierzu gibt es mehr in einem eigenen Kapitel.

Ein bestimmter Charakter für das eigene Angebot ist ebenfalls ein sehr starkes Mittel. Ein eigener Charakter nutzt einen grundsätzlichen Trieb in den Menschen aus. Sie wollen sich mit jemandem identifizieren und jemanden nachahmen beziehungsweise nacheifern. Das fängt schon im Kindesalter an, wenn die lieben Kleinen so sein wollen, wie die Eltern. Später finden sie neue Vorbilder, Stars und Sternchen. All das zeigt, wie wichtig eine Leitfigur ist. Andere Beispiele sind Lara Croft von Tomb Raider und Indiana Jones. Tomb Raider ist einfach nur ein Adventurespiel, doch dank Lara ist es ein nicht endender Erfolg. Indiana Jones ist nur eine Reihe von Abenteuerfilmen, doch dank dem Hauptcharakter, wird es zu einem nicht enden wollenden Zuschauermagneten. Ein Unternehmen, das für sein eigenes Angebot einen eigenen Charakter entwirft oder erschafft, der sich auf das Zielsegment ausrichtet, wird damit einen großen Eindruck bei den potenziellen Kunden hinterlassen.

Das Finden der richtigen Message orientiert sich also am Angebot, dem Anbietenden und der Verbindung zwischen Angebot und potenziellem Kunden. Die Message muss kurz sein und so beginnen, dass sie die Aufmerksamkeit auf sich ziehen kann. Weiterhin muss sie verständlich sein, in Erinnerung bleiben und zu einer Handlung animieren.

Die Emotionen

Es wurde bereits angesprochen, dass Emotionen einen starken Effekt ausüben. Dieser Umstand kann nicht überbetont werden und verdient daher ein eigenes Kapitel. Um die Bedeutung der Emotionen jedoch wirklich zu verstehen, müssen wir ein wenig weiter ausholen. Dazu wiederholen wir die Wege, auf denen man jemanden überzeugen kann und wir bringen das Eisbergmodell zum Einsatz.

Werbung möchte überzeugen. Das ist der Hintergrund, das Anliegen, das Ziel und die einzige Lebensberechtigung der Werbung. Einen Menschen kann man dabei im Wesentlichen auf drei Wegen überzeugen. Das Erste ist Gewalt, das Zweite ist die Korruption und das Dritte ist die Kommunikation.

Den ersten Weg haben wir bereits abgelehnt. Nicht nur aus moralischen und ethischen Gesichtspunkten ist die Anwendung von Gewalt oder deren Androhung verwerflich, auch das Gesetz hat eine negative Einstellung dazu. Kurz, wer mit Gewalt überzeugen will, findet sich oftmals vor Gericht wieder.

Der zweite Weg ist ebenfalls kein Weg, der über eine lange Zeit hinweg Erfolg bringen kann. Wer seine Kundschaft korrumpiert, sei es mit Gewinnspielen, Geschenken oder Preisnachlässen, erhält illoyale Kunden, die sofort zur Konkurrenz laufen, sobald diese mehr anzubieten hat.

Was ein wirklich erfolgreicher Weg ist, ist die Kommunikation. Wann immer man mit dem Kunden kommuniziert, sei es durch das

Dennis Sander

Werbevideo auf YouTube oder der eigenen Homepage, sei es mit dem Facebook-Post oder dem neuesten Blogeintrag, beschäftigt sich dieser mit dem Angebot. Je öfter er sich damit beschäftigt, desto größer ist die Wahrscheinlichkeit, dass er ein Interesse daran entwickelt und dann die Schritte durchmacht, die zur Annahme des Produktes führt. Das ist also an sich schon einmal vorteilhaft. Die Wahrscheinlichkeit, den Kunden zu überzeugen, lässt sich aber noch steigern.

Die potenzielle Kundschaft besitzt einen gleichmachenden Faktor, ihr Gehirn. Dieses Gehirn ist bei allen Menschen gleich aufgebaut und unterteilt sich in gleicher Weise in ein Bewusstsein und ein Unterbewusstsein. Das Bewusstsein nimmt dabei ungefähr 30 % der Prozesse ein und das Unterbewusstsein ist für 70 % der Prozesse verantwortlich. Daraus entwickelt sich das Eisbergmodell. Wie ein Eisberg, so ist auch im Gehirn der sichtbare, also der bewusste Teil, der kleinere Teil. Der größere Teil ist das Unterbewusstsein oder beim Eisberg der Teil unter der Wasseroberfläche. Damit ist das Unterbewusstsein stärker und potenziell interessant, es anzusprechen. Dies ist aber noch nicht genug.

Das Bewusstsein konzentriert sich auf all die logischen Aspekte des Lebens. Dort werden Zahlen verarbeitet, Daten analysiert und Fakten überprüft. Das Bewusstsein füttert man also mit Informationen und diese werden analysiert. Am Ende der Analyse steht eine Entscheidung. Zum Beispiel kann man das Bewusstsein mit Informationen über das Angebot des eigenen Unternehmens füttern. Die Folge ist, dass das Angebot analysiert wird. Am Ende steht eine Entscheidung, ob das Angebot gut oder schlecht ist.

38

Wie oft aber haben sie schon etwas als „gut" befunden und dann immer noch nicht gekauft? Das ist das Problem mit der Analyse. Diese schafft kein Bedürfnis und keine Animation zu einer Handlung. Bedürfnisse jedoch sind Gefühle. Diese wiederum animieren zu Handlungen. Der Schlüssel dazu befindet sich also im Unterbewusstsein.

Gelangt man in das Unterbewusstsein des potenziellen Kunden, dann schafft man in diesem den Wunsch, das Angebot anzunehmen. Dorthin gelangt man aber nicht einfach so und schon gar nicht mit einer Reihe von logischen Argumenten, die für das eigene Angebot sprechen. Wer damit gewinnen will, verschwendet meistens nur seine Zeit. Will man in das Unterbewusstsein gelangen, dann muss man dem potenziellen Kunden Gefühle bieten. Diese Gefühle werden direkt in das Unterbewusstsein geleitet und lösen dort den Reflex zur Handlung aus.

Wie aber bringt man Gefühle zum potenziellen Kunden? Dazu stehen einige Wege offen. Der Erste und Leichteste ist mit dem richtigen Bild. Wer das Bild eines kleinen Hundes sieht, wird sofort ein Gefühl dafür entwickeln. Dann beginnt das Gehirn auch schon zu arbeiten und versucht, eine Story zu dem Bild zu entwerfen. Die Verbindung ist also hergestellt. Das Interesse ist geweckt und jetzt kann die Überzeugungsarbeit beginnen.

Ein weiterer Weg ist die Musik und Soundeffekte. Diese sprechen ebenfalls die Gefühlswelt an und bringen eine Verbindung zum potenziellen Kunden. Dazu kommt die Verwendung eines eigenen Charakters, der auf das eigene Produkt zugeschnitten ist oder die Erschaffung einer Fantasie. Kurz, was immer den Kunden in eine bestimmte Stimmung versetzt, bringt eine Emotion hervor. Dabei sollte man seine Darstellung auf das Zielsegment ausrichten. Was in dem einen Segment ein Gefühl auslöst, mag ein anderes Segment kalt lassen. Daher beginnt man hier seine Arbeit von dem Blickwinkel des Zielsegmentes aus.

Die Story im Marketing

Nun haben wir im letzten Kapitel die Bedeutung der Gefühle beschrieben. Dort und im Kapitel davor wurden auch schon einige Wege angesprochen, wie man Gefühle anspricht beziehungsweise hervorruft. Der beste Weg ist jedoch die Story. Damit verbindet sich die älteste Informationstechnologie mit der neuesten Informationstechnologie.

Jetzt werden bestimmt Einige sagen, was sie mit einer Story anfangen sollen. Jeder denkt noch an seine Schulzeit zurück, damals galten nur Fakten, Fakten, Fakten. Ja, die Schulzeit war eine besondere Zeit und hat uns viel gelehrt und viel verlernen lassen. Beginnen wir aber mit dem Bild der Informationstechnologie und arbeiten wir uns zur Schule vor.

Die neueste Informationstechnologie muss eigentlich nicht erst erklärt werden, doch nur für den Fall der Fälle: Die Rede ist vom Internet und allem, was online ist. Die älteste Informationstechnologie dagegen ist die Story. Schon vor Tausenden von Jahren mussten Kinder lernen. Damals gab es aber kein Schulsystem. Die Kinder lernten von ihren Eltern, anderen Familienmitgliedern und besonders erfolgreichen Mitgliedern ihres Stammes, Dorfes oder welche Gemeinschaft auch immer sie hatten. Wie lernten sie dabei? Saßen sie in Klassenräumen vor einer Tafel? Nein! Sie lernten die Nützlichkeiten und Gefahren des Lebens mit Storys kennen. Diese wurden ihnen von klein auf erzählt und blieben in ihrem Gedächtnis. Wenn man einmal selbst zurückdenkt, woran erinnert man sich dann? Die erste Mathestunde in der Grundschule? Wahrscheinlich nicht. Man kann sich aber noch immer an die Geschichten erinnern, die Mama und Papa einem am Bettchen erzählten. Damit bildet die Story den ältesten Weg, einem Menschen etwas beizubringen.

Was hat das Ganze mit der Schule zu tun und warum verwenden Schulen keine Storys? Die Antwort auf den zweiten Teil der Frage ist sehr einfach. Schulen konzentrieren sich auf Fakten und wissenschaftliche Wahrheiten. Damit kommt eine trockene Darstellung, die einfach nicht auf das Gehirn der Menschen zugeschnitten ist. Der erste Teil der Frage ist ebenfalls sehr einfach zu beantworten, wenn man selbst in seine eigene Schulzeit zurückblickt. Was passierte dort? Der Lehrer begann zu reden. Man hörte noch den ersten oder vielleicht auch noch den zweiten Satz und dann schaltete man ab. Dann, am Ende der Stunde, schaltete man sich wieder ein, stellte noch schnelle eine Alibifrage und dann war die Stunde um. Das Wichtigste aber, die Information in der Mitte, ging verloren. Dieses Verhalten haben alle Schüler gelernt und verinnerlicht. So verhalten sie sich auch der Werbung gegenüber. Sie verfolgen den Anfang, dann schalten sie innerlich ab, und wenn die Werbung vorüber ist, dann schalten sie sich wieder ein.

Will man die Aufmerksamkeit der Menschen anziehen und wachhalten, dann muss man ihnen das bieten, was sie über die Jahrtausende als Informationsmedium benutzten, eine Story. Diese Story muss aber, damit sie sinnvoll ist und sich für das Marketing verwenden lässt, einige Kriterien erfüllen. Als Erstes muss die Story Betroffenheit auslösen. Weiterhin muss die Story eine Verbindung zum Unternehmen oder dessen Angebot schaffen und drittens muss die Story einen Eindruck hinterlassen.

Eine Story löst Betroffenheit aus, wenn sie glaubwürdig und interessant ist. Interessant ist eine Story für das Zielsegment, wenn sie ihrem Leben entspricht. Wer also ein Angebot für Mädchen im Alter von 16 bis 25 hat, sollte seine Story um so ein Mädchen in diesem Alter herum aufbauen. Weiterhin sollte die Story nicht zu langsam beginnen. Man muss schon am Anfang erkennen können, worum es geht. Andernfalls wird das Publikum das Interesse verlieren und die Botschaft verhallt ungehört.

Gleichzeitig kann eine Story ruhig Fantasieelemente enthalten oder durch und durch aus dem Bereich Fantasy kommen. Dennoch muss sie glaubwürdig sein. Fantasystorys, wie zum Beispiel „Der Herr der Ringe", sind glaubwürdig. Das liegt aber nicht so sehr an ihrem Setting. Eine Fantasystory bewegt sich gerade außerhalb des Rahmens des Alltäglichen oder auch nur des normalen Lebens. Dennoch sind sie glaubwürdig. Das liegt an den Figuren. Die Figuren müssen sich so verhalten, wie es normale Menschen tun würden. Dabei können sie natürlich die Handlungen etwas überspitzen und übertreiben. Es ist aber total unglaubwürdig, wenn ein ängstlicher Mensch von einer Sekunde zur nächsten ohne Grund zu einem mutigen Menschen wird. Man muss also dem menschlichen Verhalten entsprechen. Dann ist die Story glaubwürdig.

Die Story muss eine Verbindung zum Unternehmen oder zum Angebot herstellen. Das Unternehmen, dessen Gründer oder Mitarbeiter oder das Angebot müssen also eine Rolle dabei spielen. Diese

Rolle muss zentral sein. Am besten muss das Angebot oder das Unternehmen der Grund für den guten Ausgang der Story darstellen oder zumindest eine wesentliche Rolle beim Erreichen des guten Ausganges spielen.

Schlussendlich muss die Story einen Eindruck hinterlassen. Das geschieht immer dann, wenn die Story einem normalen Verlauf mit einem guten Ausgang folgt. Der Verlauf ist dabei ziemlich immer gleich. Jede gute Story beginnt mit einem oder mehreren Helden und einer von drei Situationen.

Erstens kann der Held einen guten Tag erleben. Er hat vielleicht eine neue Freundin, er hat das Staatsexamen bestanden oder er hat Geburtstag. Die Möglichkeiten sind fast unendlich, wie man einen solchen guten Tag darstellen kann.

Die zweite Möglichkeit ist, dass der Held einen normalen Tag hat. Er geht zur Uni, zur Schule oder zur Arbeit. Er ist ein Jedermann und sticht mit nichts Besonderem hervor. Auch hier sind der Fantasie keine Grenzen gesetzt.

Die dritte Möglichkeit ist, dass der Held mit einer richtig schlechten Situation beginnt. Hier kommt das Aschenputtel von ganz allein in den Sinn. Sie hat einen richtig schlechten Start.

Der Mittelteil der Story baut auf den Beginn auf. Hat der Held einen wirklich guten Tag, dann wird ihm der Grund zum Glücklichsein nun genommen. Der Held wird also unglücklich. Hat der Held einen normalen Tag, wird ihm nun ein Grund zum Glück gegeben und dann seine Situation verschlechtert. Man kann aber auch auf das

Glück verzichten und seine Situation direkt verschlechtern. Beginnt der Held mit einer schlechten Situation, dann kann man diese beibehalten, etwas Glück beimengen und dieses dann wieder nehmen oder die Situation noch verschlimmern.

Das Ende ist dann bei allen Storys gleich. Was eine Verschlechterung der Situation oder die anfänglich schlechte Situation geschaffen hat, wird überwunden und am Ende steht das Glück des Erfolges.

Klingt das kompliziert? Hier sind einige Beispiele, wie man es umsetzen kann. Zum Beispiel kann der Gründer eines Unternehmens vor der Gründung ein Problem gehabt haben. Vielleicht musste er immer wieder sein Auto reparieren. Hier ist die schlechte Situation. Dann hat er sich Wissen angeeignet und nun kann er sein Auto sehr schnell reparieren. Hier ist die Verbesserung seiner Situation. Jetzt, als Meisterreparateur, bietet ein seinen Service als die beste Reparaturwerkstatt an. Damit sind das glückliche Ende und die Verbindung zum Unternehmen und dem Angebot hergestellt.

Ein anderes Beispiel ist für einen Onlineshop für Mode für junge Damen. Hier kann man eine junge Studentin nehmen. Diese hat einen normalen Tag an einer Uni. Jetzt sieht sie ihren Traummann. Dies ist die Verbesserung ihrer Situation. Der aber beachtet sie nicht. Das ist die Verschlechterung der Situation, denn jetzt ist sie traurig und es ist kein normaler Tag mehr. Nun findet sie den Onlineshop und bestellt etwas. Die Verbindung zum Angebot ist hergestellt. Sie bekommt die Kleidung geliefert und taucht damit in der Uni auf. Ihr Traummann beachtet sie jetzt und verliebt sich in sie. Das Glück ist da. Das Problem wurde mit dem Angebot überwunden.

Beide Storys kann man als Blogartikel, als Bilderserie oder als kleinen Film auf der Webseite aufmachen. So oder so, der potenzielle Kunde fühlt sich angesprochen und auch seine Gefühle werden geweckt. Im ersten Fall sind es die Männer, die Mitleid haben und dann die Expertise in Anspruch nehmen und im zweiten Fall sind es die Frauen, die ihren Traummann beeindrucken wollen.

Die Webseite

Kommen wir zur Webseite. Diese ist eigentlich ein günstiger Platz, um sich darzustellen. Dieses „eigentlich" ist jedoch wichtiger, als es auf den ersten Blick aussieht. Der Unterschied kommt von der Handhabung der Webseite. Diese kann als kontrolliertes Medium oder als unkontrolliertes Medium angelegt werden.

Bevor wir uns diesem „eigentlich" und der Art des Mediums nähern, müssen wir erst einmal sehen, was unter den Begriff Webseite fällt. Damit ist jede Art von permanentem Internetauftritt gemeint. Dies kann die klassische Homepage sein, eine Seite auf Facebook oder Instagram oder ein simpler Blog. Was immer auch dazu dient, das Unternehmen darzustellen und frei im Internet unter der gleichen Adresse gefunden zu werden, das zählen wir als Webseite.

Der Aufbau der Webseite ist im Wesentlichen immer gleich. Die erste Seite sollte die neuesten Informationen, die neuesten Angebote und eine klare Darstellung des Unternehmens beinhalten. Dabei kann man diese Seite, wie auch die Folgenden, in zwei Bereiche unterteilen. Der erste Bereich ist der Bereich, den man sofort sieht, wenn man die Seite aufruft. Dieser Bereich wird als „above the fold" bezeichnet. Das lehnt sich an den alten Brief an, bei dem man sofort alles sieht, was sich über der Faltlinie befindet. Der andere Bereich der Seite ist alles, wozu man erst scrollen muss, um es zu sehen.

Die neuesten Angebote gehören ganz eindeutig in den Bereich „above the fold". Weitere Erklärungen und allgemeinere Vorstellungen gehören in den Bereich darunter. Dazu kommt ein Menü.

Für das Menü gilt als Erstes die Übersichtlichkeit. Dabei sollten die Menüs klar beschriftet sein, einfach einzusehen und immer nur „one deep". Letzteres bedeutet, dass man nicht noch weitere Untermenüs mitliefert. Alles befindet sich also nur einen Klick entfernt.

Weitere Seiten stellen dann das Unternehmen und die Angebote klarer vor. Hier gilt, dass ein Bild mehr sagt als 1.000 Worte. Daher sollte man alles reich bebildern und zu den Bildern Erklärungen liefern. Es sind die Bilder, die im Vordergrund stehen und die Erklärungen, die sie unterstützen, nicht umgekehrt.

Jetzt wird es Zeit, über das „eigentlich" zu sprechen. Die Seite zu erstellen, das dauert ein wenig Zeit und mitunter ein wenig Geld. Der Webspace muss angemietet und die Seite entworfen sein. Davon abgesehen ist sie eigentlich günstig. Selbst der Webspace ist nicht teuer. Warum also das „eigentlich"?

Jede Webseite ist ein zweischneidiges Schwert. Einmal entworfen und in das Netz gestellt, ist es ein Aushängeschild für das Unternehmen. Als solches spiegelt sie die Qualität des Unternehmens wider und das gilt ganz genau so. Ist das Unternehmen ein verantwortungsvoll Geführtes, das sich um seine Kunden kümmert, dann kümmert es sich auch um die Webseite. Ist das Unternehmen jedoch oberflächlich geführt und nur auf den Profit aus, dann wird die Webseite vernachlässigt. Die Webseite spiegelt also das Unternehmen wider und das geschieht nicht nur in dem Design, sondern vor allem in der Pflege der Webseite. Eine Webseite muss gepflegt, aktualisiert und erweitert werden. Dazu braucht sie auch noch weiterführende Erklärungen und Hilfen neben dem eigentlichen Angebot. Gerade diese, auf dem neuesten Stand gehalten, suggerieren Vertrauenswürdigkeit.

Eine Webseite ist also mitnichten ein einfaches und kostengünstiges Instrument der Kundenakquise oder Kundenbindung. Soll die Webseite Kunden bringen, nicht abstoßen, dann muss sie immer wieder erneuert werden. Die neuesten Angebote müssen gezeigt werden. Diese müssen erklärt sein. Veränderungen in dem Unternehmen müssen aufgeführt werden. Das allein nimmt Zeit in Anspruch und Arbeitszeit ist Geld und sei es auch nur dadurch, weil man seine Zeit nicht anderweitig nutzen kann, um damit einen Profit zu erwirtschaften.

Neben der Darstellung des Unternehmens und Angebotes sind es gerade Blogartikel und ähnliche Beiträge, die einer Webseite Leben einhauchen. Diese machen das Angebot wertvoller und bilden das nötige Vertrauen. Damit aber nicht genug. Eine Webseite hat zwei unterschiedliche Lesergruppen, über die man sich sehr genau im Klaren sein muss.

Die erste Lesergruppe sind die Menschen. Alles muss so erklärt werden, dass diese es verstehen. Dazu gehört, dass die Wortwahl kein Jargon oder Slang ist. Dazu gehört auch, dass die Sätze nicht unnötig lang und verschachtelt sind. Weiterhin sollte man lieber auf Passivkonstruktionen verzichten. Alles muss einen klaren Aufbau aufweisen und einfach zu lesen sein.

Die zweite Lesergruppe sind die Suchmaschinen. Diese entscheiden ganz wesentlich über den Erfolg oder Misserfolg einer Webseite. Sie suchen die Texte und analysieren sie nach ihren Parametern.

Sind die Texte entsprechend diesen gut, dann bekommen sie ein gutes Ranking. Sind sie schlecht, dann sind sie irgendwo auf der tausendsten Seite in einer Liste von Treffern zu finden. Sie werden also keine Kunden anlocken können.

Die Parameter der Suchmaschinen sind ein offenes Geheimnis und man kann sie durchaus zufriedenstellen. Dazu gehört auch hier, dass die Sätze kurz sind, keine passive Formulierungen aufweisen, grammatikalisch korrekt sind und es keine Fehler in der Rechtschreibung gibt. Weiterhin muss man die Artikel entsprechend formatieren. Dazu hebt man die Titel computergerecht von dem üblichen Text ab und markiert sie als H1 bis H9. H steht für Heading und die Zahlen für die Ebene. H1 ist also die Hauptüberschrift. H2 sind alle Überschriften unterhalb der Ebene der H1 und H3 sind alle Überschriften, die einen Text unter einer H2 unterteilen. Das klingt kompliziert, doch es wird schnell einfacher, sobald man etwas Übung darin hat. Damit haben wir den Bogen wieder zurück zum „eigentlich" geschlagen.

Das „eigentlich" folgt der Unterteilung der Webseiten in ein kontrolliertes Medium oder ein Unkontrolliertes. Als kontrolliertes Medium setzt man nur selbst als Betreiber der Webseite, Inhalte auf diese. Entweder ist man selbst ein großartiger Schreiber, dann verwendet man seine eigene Zeit, um die Blogartikel und Anleitungen zu schreiben. Dann spart man zwar Geld, doch man kann nichts anderes in dieser Zeit tun, was vielleicht Einnahmen bringen könnte. Alternativ kann man auch jemanden anheuern, der diese Artikel schreibt. Dann sind diese mitunter von einer hohen Qualität und man spart seine eigene Zeit, doch es kostet Geld. Damit sind die Webseiten also nur „eigentlich" kostengünstig. Man muss immer in sie investieren und sie ständig erweitern.

Natürlich kann man eine Webseite auch als unkontrolliertes Medium betreiben. Hierbei erlaubt man anderen, Beiträge auf der Webseite zu schreiben oder Beiträge zu kommentieren. So erhält man ständig neue Inhalte, ohne diese selbst erstellen zu müssen oder jemanden dafür zu bezahlen. Wie es das Schicksal aber will, hat dies seine eigenen Gefahren. Die erste Gefahr ist, dass die Inhalte negativ ausfallen. Anstatt also von den Leuten gelobt oder unterstützt zu werden, wird die eigene Arbeit oder das eigene Angebot kritisiert. Damit schafft man sich eine sogenannte Antiwerbung. Das will man mit Sicherheit nicht. Die zweite Gefahr ist jedoch nicht ganz so offensichtlich. Die meisten, die Beiträge schreiben, werden keine Ahnung von SEO haben. SEO bedeutet Search Engine Optimized. Dies ist das besagte Schreiben, dass den Parametern der Suchmaschinen folgt. Amateure kennen diese nicht und folgen ihnen auch nicht. Da sich die Texte aber auf der eigenen Suchmaschine schaltet, wird diese für schlechte Ausführungen mit einem schlechten Ranking bestraft. In anderen Worten, man legt sein eigenes Marketing in die Hände von Laien, die keinerlei Motivation haben, dem eigenen Unternehmen zu helfen.

Davon ausgehend, ist es jetzt besser, die eigene Seite als kontrolliertes Medium auszuführen? Nun, die Vorteile von Gastbeiträgen sind nicht nur die ersparte Arbeit oder das gesparte Geld für einen Autor, sondern auch deren Glaubwürdigkeit. Jeder glaubt einem unvoreingenommenen Dritten mehr als dem eigentlichen Anbieter. Hier muss man die Vor- und Nachteile in Bezug auf das eigene Angebot klar abwägen. Wenn man sich aber zu einem unkontrollierten Medi-

Dennis Sander

um entschlossen hat, sollte man davon absehen, gefälschte Berichte zu schreiben oder negative Meinungen einfach zu löschen. Dies wird nämlich sehr schnell entdeckt und dann ist die Glaubwürdigkeit der Webseite für immer dahin.

Das E-Mail-Marketing

Das E-Mail-Marketing ist ein sehr erfolgreiches Mittel im Bereich des Onlinemarketing und dient vor allem der Kundenbindung. Dabei muss man verstehen, welchen Unterschied es macht, einen Kunden zu binden und einen neuen Kunden zu gewinnen.

Im Schnitt ist der Aufwand zur Neugewinnung eines Kunden fünfmal höher, als einen Kunden zu behalten. Alte Kunden, die wiederkommen, haben bereits ein gewisses Vertrauen aufgebaut. Als solche sind sie bereit, höhere Summen auszugeben. Das kann dadurch geschehen, dass sie höherpreisige Angebote wahrnehmen, einen Extraservice an Anspruch nehmen oder ganz einfach mehr von den üblichen Angeboten erwerben.

Kunden, die man bindet, haben eine sehr viel höhere Wahrscheinlichkeit, das eigene Angebot ihren Freunden und Bekannten zu empfehlen. Sie sind also eine willkommene Hilfe im Bereich der Mund-zu-Mund-Werbung. Ebenso sind sie eher bereit, gute Berichte zu schreiben und sogar, sollte dies einmal nötig sein, schlechte Berichte anderer infrage zu stellen. Kurz, alte Kunden sind ein sehr wichtiger Aktivposten, den man sich unbedingt erhalten muss.

E-Mail-Marketing muss, um erfolgreich zu sein, einigen wichtigen Grundsätzen und gesetzlichen Vorschriften folgen. Nur so bringt dieses Mittel etwas und vor allem bringt es keine Probleme mit sich. Fangen wir mit den gesetzlichen Vorschriften an, denn hier lauern die größten Gefahren.

In Deutschland ist es nicht erlaubt, irgendwelche E-Mails mit einem unternehmerischen Hintergrund an irgendwelche Personen zu versenden. Nur wenn eine Person klar erklärt, dass sie eine kommerzielle E-Mail erhalten möchte, ist es erlaubt, ihr eine solche zu schicken. Dazu sollte man, um absolut sicherzugehen, das sogenannte Double-Opt-In-Verfahren anwenden.

Im Double-Opt-In-Verfahren bietet man den Besuchern auf seiner Webseite offen, also nicht im Kleingedruckten versteckt, die Möglichkeit, E-Mails, zum Beispiel als Newsletter, zu erhalten. Diese können dann dort ihre E-Mail-Adresse eingeben. Dazu müssen sie ein Häkchen setzen, mit dem sie sich bereit erklären, diese E-Mails zu erhalten. Als Nächstes bekommen sie eine erste, automatische E-Mail zugesandt. Diese E-Mail erhält eine erneute Bestätigungsaufforderung. Nur wenn der Besucher nun auch hier seinen Wunsch, die E-Mails zu erhalten, bestätigt, bekommt er weitere Mails zugesandt. Der Besucher muss also zweimal, einmal auf der Webseite und einmal auf in der ersten Mail, seine Bereitschaft, E-Mail-Marketing zu erhalten, bestätigen. Daher der Name Double-Opt-In-Verfahren.

Hat der Besucher auf der Webseite seinen Wunsch, die Mails zu erhalten, bestätigt, muss einer weiteren Vorschrift gefolgt werden. Jede weitere Mail muss einen Link enthalten, mit dem sich der Empfänger der Mails wieder aus der Mailingliste nehmen lassen kann. Fehlt ein solcher Link, drohen empfindliche Strafen.

E-Mails stellen ein hervorragendes Mittel der Kundenbindung aus zwei Gründen dar. Als Erstes erlauben sie es, dem Kunden ständig neue Angebote zu präsentieren. Damit wird eine Kommunikationslinie aufrechterhalten. Jedes Mal, wenn der Kunde eine E-Mail erhält, wird er an die Existenz des eigenen Unternehmens erinnert. Man gerät nicht in Vergessenheit. Weiterhin erfolgt mit jedem Mal eine erneute Abwägung darüber, ob man das Angebot in Anspruch nimmt.

Zweitens bringen die E-Mails einen Mehrwert. Dieser kann in Extrainformationen liegen oder in einem gezielteren Angebot. Ersteres erfolgt durch mehr Artikel oder Anleitungen für das Angebot und Letzteres erfolgt durch das Zuschneiden der Angebote basierend auf der letzten Auswahl des Kunden.

Aus diesen beiden Gründen ergeben sich auch die Grundsätze für ein erfolgreiches E-Mail-Marketing. Sie müssen interessant sein und eine Bindung aufbauen. Für beides brauchen Sie einen Mehrwert. Wiederholen Sie nur die Informationen, die ohnehin auf der Webseite verfügbar sind, dann macht der Newsletter oder die Angebotsmail keinen Sinn. Es muss also etwas geben, das ihr einen besonderen Sinn gibt.

Wie bei einem Brief oder der Webseite, so hat auch die E-Mail einen „above the fold"-Bereich. Wie bei der Webseite, so ist es auch bei der Mail der Bereich, der sofort beim Öffnen auf dem Bildschirm erscheint. Dieser Bereich muss drei Arten von Informationen aufweisen.

Die erste Art von Information im „above the fold"-Bereich sind die neuesten Angebote. Diese Angebote sollten aber nicht nur neu sein, sie müssen sich auch von den Angeboten auf der Webseite unterscheiden. Dies können besonders gute Preise sein, doch Vorsicht, hier droht Korruption. Dann müssen sich dort die Hinweise auf weiteren Mehrwert befinden, auf die weiter unten eingegangen wird. Das können die Überschriften von Artikeln sein, deren ganzer Text dann weiter unten steht. Am Ende muss dieser Bereich auch eine Handlungsaufforderung enthalten. Je nach Gewichtung kann diese darin bestehen, die eigene Webseite aufzusuchen oder einfach nur die Mail weiterzulesen.

Im Bereich, für den man erst herunterscrollen muss, können sich dann weitere Angebote verstecken und die Artikel, die man im „above the fold" angekündigt hat. Hier gehört auch mindestens eine weitere Handlungsaufforderung hinein, dieses Mal bezogen auf die Webseite. Dies kann ein schlichter Besuch der Seite sein, eine Aufforderung zum Kauf oder etwas in dieser Art.

Ist der Inhalt der Mail geschrieben, braucht sie jetzt eine ansprechende Betreffzeile. Diese sollte einen gleichen und einen wechselnden Bereich haben. Die ersten oder letzten paar Worte sollten gleich sein, um einen Lerneffekt beim Leser zu erzeugen. Die anderen Worte sollten wechseln und den aktuellen Entwicklungen entsprechen. Damit zeigt man an, dass die Mail auch tatsächlich neu erstellt wurde. Weiterhin sollte die Betreffzeile einen Bezug zum Inhalt aufbauen und das Interesse wecken.

Kommen wir zur Ausführung. Für ein kleines Unternehmen mit 10 Stammkunden ist es durchaus in Ordnung, den Newsletter oder die Angebotsmail per Hand zu erstellen. Man kann eine kleine Verteilerliste haben und diese je nach Bedarf um neue Adressen erweitern oder Adressen löschen, deren Inhaber die Mails nicht mehr empfangen wollen. Sobald man jedoch etwas mehr als nur 10 Stammkunden hat, wird das gesamte Unterfangen kritisch. Hier lohnt es sich, auf Spezialsoftware oder noch besser, auf Serviceprovider zurückzugreifen.

Serviceprovider pflegen die Verteilerliste von allein. Damit werden nur die Adressen aufgenommen, die sich im Double-Opt-In-Verfahren angemeldet haben. Jeder Klick auf den Link zur Abmeldung löscht die Adresse automatisch. Ebenfalls verfügen diese Anbieter über Software, die das Erstellen der Mails sehr erleichtern. Dazu kommt aber noch ein weiterer sehr wichtiger Vorteil.

Mails brauchen ein Timing. Das ist bei wenigen Mails kein Problem, doch wenn diese in die Tausende gehen, wird es mitunter schwer, sie allen innerhalb des richtigen Zeitfensters abzuschicken. Wie wichtig aber das Timing ist, kann man ganz leicht an sich selbst erkennen. Man stelle sich vor, dass man sich an seinem Arbeitsplatz befindet und dort sein E-Mail-Postfach geöffnet hat. Man ist im Stress und muss die Aufgaben bewältigen. Kommt jetzt eine Mail mit den neuesten Sonderangeboten, dann wird diese reflexartig gelöscht, denn sie stellt nur eine weitere Störung dar. Anders verhält es sich, wenn die E-Mail am Samstagvormittag kommt, wenn man seine Pläne für das Wochenende schmiedet. Hier stehen die Chancen besser, dass die Mail gelesen wird und die Angebote Beachtung finden.

Die Community – Facebook und Instagram

Die sozialen Netzwerke werden immer mehr zu einem Ort des Marketings. Dabei gelten aber auch hier gewisse Regeln, die den Unterschied zwischen Erfolg und Misserfolg bedeuten.

Wer sich beziehungsweise sein Unternehmen auf Facebook und Co bewerben möchte, sollte dies nicht mit einem klassischen Profil tun. Stattdessen erstellt man seine eigene Seite. Diese Seite sollte alle wichtigen Informationen enthalten. Dazu gehört nicht nur diese Seite selbst, sondern ein Link zur eigenen Webseite. Dort gehört auch die Telefonnummer hin und natürlich die Adresse.

Ist die Page erstellt, dann geht es richtig an die Arbeit. Facebook und Instagram sowie alle anderen sozialen Netzwerke sind Arbeit. Dort kann man nicht einfach ein wenig spielen und dann mit der Werbung Erfolg haben. Darüber hinaus kosten sie Geld.

Der Erfolg auf den sozialen Netzwerken will hart erkämpft sein und man erreicht ihn in zwei Schritten, die teils nacheinander und teils zeitgleich ablaufen. Der erste Schritt dient dabei dem allgemeinen Vertrauensaufbau, der zweite Schritt dient dem Angebot, das man an den Mann bringen will.

Jeder Besucher auf einer Seite innerhalb der sozialen Netzwerke wird sehr schnell schauen, wie viele Follower oder Likes die Seite hat. Diese Zahl gibt einen Hinweis auf die Verbreitung der Seite und deren Inhalte sowie dem Alter der Seite selbst. Je mehr Likes eine Seite hat, desto länger ist sie online und desto mehr interessieren sich dafür. Je länger die Seite existiert und je mehr Leute sich für die Angebote interessieren, desto mehr Vertrauen bringt die Seite. In anderen Worten, Likes bringen Vertrauen und Vertrauen überzeugt.

Jetzt liegt natürlich die Versuchung nahe, die Likes auf einfachen und mitunter nicht so guten Wegen zu erreichen. Der einfachste Weg ist es, seine Freunde einzuladen. Dies bringt aber nicht viel, nicht nur, weil nicht alle dieser Einladung folgen werden, sondern weil die Anzahl der Freunde einfach nicht groß genug ist. Facebook zum Beispiel erlaubt nur 5.000 Freunde für ein Profil. Echtes Vertrauen beginnt jedoch bei 50.000 Likes. Also selbst dann, wenn alle Freunde auf die Seite gehen und auf Like klicken, wird man damit nicht viel erreichen.

Andere Methoden sind das Erzeugen von Likes mit gewissen Programmen. Hier ist jedoch das Problem, dass dies sichtbar ist. Die Leute können die Likes zurückverfolgen. Hat man sich aber jede Menge Likes erschwindelt, dann verliert man jedes Vertrauen.

Likes kann man nur auf einem Wege in ausreichender Anzahl erhalten. Dieser Weg besteht in einer gut gemachten, ehrlichen Werbung, für die man zahlt. Dazu erstellt man einen Auftritt mit einem oder zwei Bildern, die dem eigenen Angebot entsprechen. Dann klickt man auf „Boost" und gibt dort seine Parameter ein. Hier sollte man die Werbung auf eine bestimmte Zielgruppe einschränken. Die Werte dazu lassen sich in den Masken problemlos eingeben. Dazu gehören das Alter, das Geschlecht und die Interessen. Hat man dies alles gewissenhaft bestimmt, dann wird die eigene Page auch nur den interessierten Personen gezeigt und die Chance für Likes ist hoch.

Für den zweiten Schritt baut man seine Posts und seine Angebotsseite auf. Auch hier muss man zielgerichtet Geld investieren, damit man das Angebot an den Mann bringt. Auch hier braucht man eine gewisse Anzahl von Likes, damit die Angebote seriös aussehen. Hier braucht man aber nicht Größenordnungen von 50.000 Likes. Einige Hundert Likes sind bereits ausreichend.

Ist die Seite aufgebaut und werden die Posts erstellt, geht es zur nächsten Regel. Facebook und Co verwenden ihre eigenen Suchmaschinen. Auch hier gilt, nach SEO-Grundsätzen zu schreiben und bestimmte Schlüsselwörter einzubauen, die auf das eigene Angebot bezogen sind. Damit steigt die Chance von Treffern in allgemeinen Suchanfragen.

Gerade die Pages in den sozialen Netzwerken zeichnen sich durch eine hohe Volatilität aus. Es sollte täglich neue Einträge geben und diese sollten dazu animieren, Like und Share anzuklicken. Erfolgreich wird es dann, wenn die Besucher die Posts nicht nur teilen, sondern auch deren Freunde sie weiterteilen.

Am Anfang kann man auch auf weitere Anreize setzen. Gewinnspiele erlauben es, Likes zu generieren. Dies sollten aber punktuelle Maßnahmen sein, ansonsten korrumpiert man seine Kundschaft und hat dann nur noch illoyale Kunden.

Gerade in den sozialen Netzwerken mit ihrer hohen Volatilität verbunden mit den Auswertewerkzeugen eignet es sich, ein wenig zu experimentieren. Wie schon zuvor angesprochen, ist es immer wichtig, den Erfolg der eigenen Marketingmaßnahmen zu verfolgen. Das geht sehr einfach bei Facebook und Co, indem man sich die Anzahl der Likes anschaut, aber auch die Anzahl der Besucher für einen Zeitraum, der Anzahl der Zuschauer für ein Video und ähnliche Werte sind interessant und verdienen Beachtung. Diese prompten Informationen kann man nun benutzen, um sein Marketing zu optimieren. Man gestalte einfach immer zwei bis fünf Posts nach einem Muster und dann wechselt man die Aufmachung. Auf diese Weise erkennt man schnell, was besser ankommt und kann daraufhin die Gestaltung immer mehr verbessern.

Der meiste Aufwand kommt aber nicht einfach nur durch das Erstellen neuer Posts und durch das Experimentieren. Die sozialen Netzwerke eignen sich sehr gut zum Aufbau einer Community. Hier verbreiten die Teilnehmer an den Netzwerken nicht einfach nur die Posts, sie unterstützen sie noch mit ihren eigenen Kommentaren und sie bringen sich mit ihren eignen Posts ein. Um dies zu erreichen, muss man aber die Community erst einmal aufbauen. Dazu gehört eine beständige Kommunikation mit den Teilnehmern und die Motivation für diese, sich einzubringen. Letzteres geschieht, indem man es erlaubt, dass die Besucher die Seite beziehungsweise das Angebot bewerten. Weiterhin sollte man die Besucher überzeugen, Fragen und Ideen offen zu äußern. Oftmals werden sie das nämlich über die Chatfunktion tun. Hier kann man aber ein wenig Überzeugungsarbeit leisten, die Gedanken offen zu äußern. Das wird einige Zeit in Anspruch nehmen, doch nach und nach werden mehr Besucher diese Möglichkeit annehmen und dann anfangen, sich offen miteinander auszutauschen. Jetzt muss man nur noch dafür sorgen, dass der Ton freundlich ist und die Inhalte bei den eigenen Angeboten bleiben. Dann aber hat man es geschafft. Eine Community hat sich entwickelt und kann in der Folge wachsen. Diese Community wird dann das überzeugendste Argument für das eigene Unternehmen sein.

Der Marketingmix

Wesentliche Punkte aus dem Marketing, die im Bereich des Onlinemarketing relevant und interessant sind, wurden bereits angesprochen. Jetzt wird es Zeit, einen allgemeineren Blick auf das Marketing zu werfen. Das Marketing für das jeweilige Angebot formt sich üblicherweise aus dem, was wir den Marketingmix nennen. Alle Bestandteile aus diesem Mix lassen sich im Onlinemarketing verwenden. Der Mix setzt sich aus der eigentlichen Werbung, der Verkaufsaktion, dem persönlichen Verkaufsgespräch, der Öffentlichkeitsarbeit und dem direkten Marketing zusammen.

Den Anfang des Marketings macht die eigentliche Werbung. Hierbei geht es um die bezahlte Form, das eigene Angebot zu präsentieren. Darunter fallen vor allem Bannerwerbung, die Anzeigen auf Google und das Boosting auf Facebook. Hier bestimmt man selbst, was die potenziellen Kunden sehen. Damit ist die Darstellung garantiert positiv. Gleichzeitig kann man gerade im Internet diese Werbung sehr gezielt fokussieren. Man hat dann zwar einen hohen Preis für die gesamte Werbung, aber nur einen kleinen Preis pro Person, die diese Werbung sieht.

Die Verkaufsaktion ist eine kurzfristige Maßnahme, um den Verkauf zu erhöhen. Hierunter fallen die berühmten Preisnachlässe, zwei zum Preis für einen, und andere Aktionen. Der Nachteil ist, dass bei einer dauerhaften Anwendung die Kundschaft korrumpiert wird. Gleichzeitig beschneidet man den eigenen Profit und man setzt das eigene Angebot in den Augen der Kundschaft herab. Diese wird es irgendwann nicht mehr akzeptieren, einen normalen Preis zu bezahlen. Auf der guten Seite steht, dass man damit den Marktanteil beziehungsweise die Verkaufszahlen kurzfristig anheben kann. Gleichzeitig zielt es, wenn es wirklich nur kurzfristig ist, auf die Entscheidungsfähigkeit der Kundschaft. Dank der Befristung des Angebotes unter Druck gesetzt, zieht diese vielleicht eine für später geplante Anschaffung vor. Ebenso kann ein Preisvergleich entfallen. Da es sich um ein Sonderangebot handelt, wird gleich zugeschlagen, anstatt noch an anderer Stelle nach dem Preis zu schauen.

Das persönliche Verkaufsgespräch wird dann interessant, wenn der Kunde in den Laden kommt oder auf der Webseite einen Chat startet beziehungsweise anruft. Hier muss man sich selbst, das Unternehmen und das Angebot überzeugend rüberbringen. Das Gute ist hier die Interaktion. Man kann vom Kunden erfahren, was für ihn wichtig ist und dementsprechend sein Angebot oder das Gespräch ausrichten. Ebenso bietet sich die Möglichkeit, eine persönliche Bindung herzustellen. Damit wird es für den Kunden attraktiver, das eigene Angebot wiederholt in Anspruch zu nehmen.

Die Öffentlichkeitsarbeit ist zugleich die effektivste, effizienteste und anstrengendste Form des Marketings. Schauen wir aber erst einmal, was sich hinter dem Begriff verbindet.

Öffentlichkeitsarbeit hat nichts mit der eigentlichen Werbung, einer Verkaufsaktion oder einem Verkaufsgespräch zu tun. Es geht um die Darstellung des eigenen Unternehmens nach außen. Im Bereich des Onlinemarketings fällt darunter die Präsenz des Unternehmens in vielen Bereichen außerhalb der eigenen Webseite. Das kann auf mehreren Wegen geschehen.

Ein Onlineshop kann neben seiner eigenen Webseite Angebote auf Amazon Marketplace und eBay einstellen. Dort kann man auch Links auf die eigene Seite einbauen. Ein Dienstleistungsunternehmen kann seine Angebote auf ähnlichen Seiten unterbringen. Beide können sich in Blogs und anderen Formen einer Onlinecommunity einbringen. Beide können einen eigenen Channel auf YouTube unterhalten und dort über ihre Angebote und ihr Unternehmen berichten. Dies sollte aber eingebaut in Geschichten und anderen interessanten Informationen erfolgen. Kurz, wo auch immer das eigene Unternehmen präsent sein kann, sollte es das auch sein. Wo auch immer jemand über etwas schreibt oder spricht, das dem eigenen Angebot ähnelt, sollte sich auch das eigene Unternehmen äußern. Dabei kann man oft genug auch jemand anderen zu Wort kommen lassen, der sich über das eigene Unternehmen oder dessen Angebot äußert. Damit erhält man wieder mehr Glaubwürdigkeit.

Das direkte Marketing wiederum fokussiert das Angebot genau auf den einzelnen Kunden. Das kann dadurch geschehen, dass das bisherige Kaufverhalten analysiert wird. Wenn also ein Kunde Handtaschen gekauft hat, schickt man ihm per Mail weitere Angebote über Handtaschen und dazu passender Mode. Damit wird das Angebot direkt auf diesen Kunden ausgerichtet. Dieser erhält das, wofür er sich ohnehin interessiert. Damit ist die Chance, den Kunden zu einem Kauf zu überzeugen, stark erhöht.

Eine neue Form des Marketings, die auch im Bereich des Onlinemarketings immer mehr an Bedeutung gewinnt, ist das sogenannte integrierte Marketing. Hierbei schafft das Unternehmen eine einzelne Botschaft. Diese kann verschiedene Inhalte haben, zum Beispiel: der beste Service, die beste Qualität oder der beste Preis. Diese Botschaft wird dann immer und bei jeder Kommunikation, egal welcher Art und auf welchem Kanal, eingebaut. Damit erhält die Botschaft ihre größte Wirkungskraft auf den potenziellen Kunden.

Typische Fehler

Typische Fehler, gerade im Bereich des Onlinemarketings, sind eine unzureichende oder fehlende Recherche, Segmentierung und Positionierung, eine falsche oder unklare Botschaft, eine schlechte Zielsetzung, eine Konzentration auf die Vernunft sowie eine schlechte Gestaltung des eigenen Webauftrittes.

Eine fehlende Recherche bedeutet, dass man weder den Markt noch den Kunden kennt. Damit ist es unmöglich, dem Kunden das zu bieten, was er braucht, aber nicht finden kann. Wer jedoch den Kunden erreichen will, braucht die richtige Strategie. Die wiederum hat als Grundlage die Kenntnis des Marktes und der Kunden. Daher ist eine fehlende oder auch nur unzureichende Recherche der Todeskuss für jedes Marketing.

Eine fehlende Segmentierung bedeutet, dass man keine Zielgruppe hat. Keine Zielgruppe aber führt zu einem ungezielten Werbeaufwand. Im besten Fall erreicht man damit eine Gruppe interessierter Leute, doch man verschwendet dabei jede Menge Ressourcen auf desinteressierte Personen. Im schlimmsten Fall erreicht man damit niemanden, der an dem Angebot ein Interesse haben könnte. Bei einer unzureichenden Segmentierung läuft man Gefahr, sich zu verzetteln und dabei Aufwand und Geld zum Fenster herauszuwerfen.

Eine Botschaft, die falsch ist, wird die falsche potenzielle Kundschaft anziehen. Wird diese dann mit dem eigentlichen Angebot konfrontiert, kommt es zu keinem Kauf, denn das Angebot ist für diese potenzielle Kundschaft einfach falsch. Ist die Botschaft unklar, dann kann entweder ebenfalls eine falsche potenzielle Kundschaft angelockt werden oder es findet sich einfach kein potenzieller Kunde, weil die Botschaft nicht verstanden wird.

Wer es nicht schafft, ein richtiges Ziel zu formulieren, der schafft es auch nicht, seinen Aufwand in die richtigen Bahnen zu lenken. Die Folge ist entweder ein teilweises Verschwenden oder ein komplettes Fehlgehen des Marketings. Hier sind die richtigen Ziele, verbunden mit einer Beobachtung des Erfolges, die unbedingte Voraussetzung für das Ergreifen der richtigen Maßnahmen.

Eine Konzentration auf die Vernunft des Kunden bewirkt, dass man ihn mit Argumenten überzeugen möchte. Kann das aber gelingen? Selbst wenn man den Kunden von der Qualität und Geeignetheit des eigenen Angebotes überzeugt, dann ist dieser noch immer nicht gewillt, einen Kauf vorzunehmen. Dafür braucht es ein gefühltes Bedürfnis. Man sollte also nicht einen Diskurs führen, sondern einfach die Emotionen sprechen lassen. Diese bringen das Bedürfnis und dieses wiederum bringt den Kauf.

Eine schlechte Gestaltung des eigenen Webauftritts wiederum ist der beste Weg, keine Kunden zu haben. Anstatt einfach nur irgendetwas zu machen, sollte man die Meinung seiner Freunde einholen und dann im späteren Verlauf auf die Hinweise der Besucher achten. Nur so kann man einen guten Auftritt hinbekommen, der die potenziellen Kunden dazu überzeugt, tatsächliche Kunden zu werden.

Die Ausführung

Das eigene Unternehmen soll jetzt beginnen und keine Ahnung, wo man anfangen soll? Kein Problem, denn alles beginnt mit einem Lernprozess. In diesem Fall ist es die Recherche. Man sollte alles über die Konkurrenz erfahren, was man erfahren kann. Dazu kommt die Situation des Marktes, also das Angebot und die Nachfrage und vor allem, wer an dem Angebot ein Interesse haben könnte. Hat man alle Informationen gesammelt, dann geht es an die Auswertung.

Als Nächstes findet man für das eigene Unternehmen eine Position, die es von der Konkurrenz abhebt. Das können Ideale, Expertisen, geografische Lage oder alles andere sein, was einen ein klein wenig anders, als die anderen macht. Hat man es gefunden, dann baut man seinen Auftritt daraufhin auf. Dabei ist dies aber nur die erste Hälfte. Die Darstellung muss nicht nur die eigene Position repräsentieren, sondern auch auf den Kunden ausgerichtet sein.

Hier folgt nun der nächste Schritt. Man schaut in der Menge der Personengruppen, also der Segmente, die sich auf dem Markt tummeln, nach dem Segment, das am meisten von dem eigenen Angebot und von denen man selbst am meisten profitiert. Auf dieses Segment richtet man nun die Darstellung der eigenen Position aus.

Jetzt setzt man dem eigenen Marketing ein Ziel. Dies kann aber nicht die Zahl der Verkäufe sein, sondern die Menge der potenziellen Kunden, die sich für das Angebot interessieren. Dieses Ziel sollte nicht zu hoch gesteckt sein, denn man befindet sich noch am Anfang.

Es sollte sich einfach im Bereich des Möglichen befinden und eine Grundlage für die zukünftigen Entwicklungen bieten. Das Ziel sollte eng genug sein, damit es Hinweise für die nötigen Aktionen bietet. Es muss klar genug definiert, spezifisch, messbar und erreichbar sein.

Ist das Ziel gefunden, geht es darum, die richtigen Kommunikationskanäle zu bestimmen. Diese sollten den eigenen Anforderungen entsprechen. Diese richten sich nach dem Budget, dem Timing und der Nutzung der Medien durch das Zielsegment. Dazu kommt ein Abwägen zwischen dem Gebrauch von kontrollierten oder unkontrollierten Medien. Erstere bringen nur eine positive Darstellung, sind aber nicht so glaubwürdig und kosten eine Menge Aufwand und / oder Geld. Die unkontrollierten Medien schaffen ihre eigenen Inhalte und sind somit günstiger, doch sie bergen die Gefahr von negativen Darstellungen. Dafür sind sie aber gerade dank dieser Gefahr auch weit glaubwürdiger.

Hat man die Kommunikationskanäle bestimmt, geht es an die Message. Diese sollte das Angebot so darstellen, dass es die potenzielle Kundschaft interessiert und überzeugt. Das bedingt eine einfach verständliche, kurze Darstellung, die dann auch noch leicht im Gedächtnis verbleibt.

Eine Message verbindet man am besten mit Emotionen und noch besser verbreitet man sie in Form einer Geschichte, einer Story. Damit hat man die größten Chancen, in das Unterbewusstsein des Kunden zu kommen. Dort aber wird die eigentliche Entscheidung über Kauf oder Nichtkauf getroffen. Daher will man dorthin gelangen.

Die Webseite dient der Darstellung des eigenen Unternehmens und des eigenen Angebotes. Dabei muss sie so gestaltet sein, dass sie einem menschlichen Besucher ebenso gefällt wie den Suchmaschinen. Damit sorgt man für ein gutes Googleranking. Das wiederum bringt das eigene Unternehmen erst auf den Radarschirm.

Das E-Mail-Marketing bietet dann das beste Werkzeug zur Kundenbindung, denn hier findet eine regelmäßige, auf den Kunden ausgerichtete Kommunikation statt.

Eine Community in den sozialen Netzwerken gestattet es dann, dass ein Kundenstamm selbst neue Kunden findet. Dazu bedarf es aber einer positiven Kommunikation unter den Teilnehmern in dieser Community.

Die Umsetzung dieser Punkte kann weder schnell noch in einem Schritt geschehen. Daher sollte man mit der Vorbereitung schon vor dem Start des Unternehmens beginnen und nach dessen Start genug Zeit einplanen. Dann kann man langsam, aber sicher, zum Erfolg gelangen.

www.ingramcontent.com/pod-product-compliance
Lightning Source LLC
LaVergne TN
LVHW052312060326
832902LV00021B/3836